Ralf Dornbusch / Christine Fricke / Verena Speer-Ramlow

Besser in der Abschlussprüfung

Für alle Schularten und Fächer

Arbeits- und Übungstechniken
Zeit- und Lernpläne erstellen
Mit 16 S. Lösungsheft

10. Klasse

Cornelsen
SCRIPTOR

Die Autoren: Ralf Dornbusch unterrichtet Geschichte und Sport an einem Gymnasium. Christine Fricke unterrichtet Mathematik, Biologie und Textil an einer Realschule, Verena Speer-Ramlow Deutsch und Erdkunde.

www.cornelsen.de

Bibliografische Information:
Die Deutsche Bibliothek verzeichnet diese Publikation in der Deutschen Nationalbibliografie; detaillierte bibliografische Daten sind im Internet über http://dnb.ddb.de abrufbar.

Dieser Band folgt den Regeln der deutschen Rechtschreibung, die seit August 2006 gelten.

5. 4. 3. 2. 1. Die letzten Ziffern bezeichnen
12 11 10 09 08 Zahl und Jahr der Auflage.

Redaktion: Daniela Brunner, Düsseldorf
Reihengestaltung: tiff.any GmbH, Berlin
Satz und Layout: Dagmar & Torsten Lemme, Berlin
Illustrationen: Barbara Gerth-Mohr
Umschlagentwurf: Patricia Müller, Berlin
Druck und Bindearbeiten: orthdruk, Bialystok, Polen
Printed in Poland
ISBN 978-3-589-22731-0

Gedruckt auf säurefreiem Papier,
umweltschonend hergestellt aus chlorfrei gebleichten Faserstoffen.

Eine bevorstehende Prüfung ist immer mit viel Arbeit verbunden. Darum ist es wichtig, dass du dir **Strategien** zurechtlegst, mit denen du deine Prüfungsvorbereitung so effektiv wie möglich gestalten kannst. Der Aufwand, der mit einer systematischen **Strategieplanung** verbunden ist, zahlt sich aber auch in vielen anderen Lebenslagen aus, so z. B. bei Bewerbungsgesprächen, einem Einstellungstest oder Führerscheinprüfungen. Daher solltest du die Chance nutzen, solche Strategien kennenzulernen und auszuprobieren, damit du auch zukünftig deinen ganz persönlichen Lernweg schnell findest.

Sicherlich hast du zunächst die Vorbereitung auf deine Prüfungsarbeiten im Blick – und das ist auch gut so. Du darfst aber nicht vergessen, dass auch der laufende Unterricht weiterhin deine Aufmerksamkeit und Energie erfordert. Das gilt besonders auch für die sogenannten Nebenfächer, die du auf keinen Fall vernachlässigen solltest.
Du musst nun also die Vorbereitung auf die eigentliche Prüfung, weitere Klassenarbeiten und Tests, eventuell auch Referate und schließlich das „Alltagsgeschäft" bewältigen. Dafür brauchst du nicht nur geeignete Strategien, sondern auch einen guten Zeitplan sowie die **Disziplin,** ihn einzuhalten.
Dabei können dir deine Eltern, Freunde und Klassenkameraden helfen, die du über dein Vorhaben einer guten Prüfungsvorbereitung informieren solltest.

Das bloße Lesen dieses Buches ist allerdings keine Garantie für eine gelungene Prüfung! Du solltest bereit sein, dein eigenes Lernverhalten ständig kritisch zu überprüfen und gegebenenfalls zu verändern. Das Wissen um die vorgestellten Strategien muss also ins Handeln umgesetzt werden.

Dazu dienen zunächst die vielen Übungsbeispiele in den Kapiteln. Zusätzlich kannst du deine eigene Prüfungsvorbereitung entlang der vorgestellten Prinzipien, Zeitpläne, Techniken und Tipps systematisch planen und durchführen. Aber das tatsächliche Durchführen kann dir niemand abnehmen.

Wichtig ist für dich, dass du erkennst, dass dieser Band nicht das eine Patentrezept für eine gelungene Prüfungsvorbereitung beinhaltet, vielmehr haben wir aufgrund unserer eigenen Prüfungserfahrung und vor allem durch die Arbeit mit unseren Schülern eine Menge Strategien, Lerntechniken und Tipps zusammentragen können. Da Menschen unterschiedlich sind und außerdem auch noch auf vielen verschiedenen Wegen lernen können, findest du hier also eine große Auswahl an Vorschlägen. Wenn du bereit bist, diese auszuprobieren, dann wirst du aufgrund deiner eigenen Erfahrungen sicherlich bald dein persönliches Rezept für eine gute Prüfungsvorbereitung zusammenstellen können.

Und schließlich: In diesem Buch geht es - wie gesagt - um **Strategien zur Prüfungsvorbereitung.** Eine ausführliche Wiederholung von Fachinhalten deiner Prüfungsfächer findest du in anderen Lernhilfen und Arbeitsheften mit Übungsaufgaben. Außerdem gibt es Informationen im Internet - auf den Bildungsservern der jeweiligen Bundesländer findest du Beispielaufgaben.

Im optimalen Fall liest du dieses Buch etwa **ein Jahr vor der anstehenden Prüfung.** Denn dann hast du noch genug Zeit, dir einen langfristigen Zeitplan zu machen, um die Inhalte der Prüfung gründlich zu wiederholen und um die vielen Tipps schon bei den nächsten Klassenarbeiten oder Tests auszuprobieren.

Außerdem empfehlen wir dir, dass du dir ein spezielles Heft oder eine Mappe für deine Prüfungsvorbereitung anschaffst. Darin kannst du die Übungen aus diesem Buch machen, eigene Gedanken und Ideen sammeln, deine persönliche Planung für die Prüfungsvorbereitung notieren ... Der Aufwand lohnt sich, denn alles Wichtige ist beisammen, du hast keine losen Zettel mehr, ersparst dir langes Suchen - stattdessen hast du dein persönliches **Lern-Tagebuch!**

Dabei wünschen wir dir schon jetzt „Viel Spaß“
und vor allem „Alles Gute“ für deinen **Endspurt!**

PROJEKTPLANUNG?

Ja, du hast richtig gelesen!

Wir fassen deine Prüfungsvorbereitung hier in diesem Buch als ein Projekt auf, denn die momentane Situation ist **neu** für dich und die Anforderungen sind mehr oder weniger **schwierig.**
Deine Prüfungsvorbereitung ist auf ein ganz bestimmtes **Ziel** ausgerichtet (nämlich das erfolgreiche Bestehen der Prüfung).
Sie ist außerdem **zeitlich begrenzt** und nach der Prüfung abgeschlossen.
Es geht für dich jetzt nicht nur um die nächste Klassenarbeit, sondern um eine Prüfung in drei bis vier Fächern. Und in jedem dieser Fächer musst du die Inhalte der letzten Jahre beherrschen. Die Aufgabe, die dir bevorsteht, ist also sehr anspruchsvoll, vielseitig und **komplex.**
Für das Erreichen deines Ziels brauchst du geeignete **Strategien** und einen guten **Zeitplan.**
Alle diese Aspekte lassen sich durch Mittel und Instrumente einer **systematischen Projektplanung** hervorragend meistern.

Daher ist dieses Buch folgendermaßen aufgebaut:
Im ersten Kapitel geht es um eine Bestandsaufnahme. Du sollst dir einerseits vergegenwärtigen, welche Art von Prüfung überhaupt auf dich zukommt und welche konkreten Anforderungen damit verbunden sind. Außerdem wirst du auch den Blick auf dich selbst, deine Einstellung zu Prüfungen und auf dein persönliches Lernverhalten lenken. Schließlich werden die Schritte der Projektplanung grob skizziert, sodass du in der Lage bist, deine persönlichen Projektschritte zu planen.
Das zweite Kapitel widmet sich der organisatorischen Vorbereitung auf deine Prüfungen. Nach einem Check deiner Hausaufgaben und Mappen kannst du dir einen konkreten Zeitplan erstellen und deinen Arbeitsplatz einrichten. Du schaffst also die richtigen Rahmenbedingungen für dein Projekt.
Im dritten Kapitel geht es um das Lernen der Prüfungsinhalte im eigentlichen Sinne. Viele verschiedene Lerntechniken und Tipps können dir dabei helfen, die vielen Informationen zu erarbeiten und im Gedächtnis zu behalten. So kannst du die Arbeitsschritte deines Projektes nach und nach abarbeiten.
Das vierte Kapitel schließlich zielt auf die Prüfung an sich und auf die mentale Vorbereitung darauf. Und aus jeder Prüfungssituation kannst du wieder etwas für das nächste Mal lernen.

Der Gedanke mag dir zwar etwas ungewöhnlich erscheinen, aber du kannst hier zum **„Projektmanager“ für deine eigene Abschlussprüfung** werden.

1 BESTANDSAUFNAHME

Stell dir vor, du bist ein Manager. Eines deiner wichtigsten Projekte ist zurzeit deine Vorbereitung auf die bevorstehende Abschlussprüfung. Und du hast das Ziel, diese Prüfung so gut wie möglich zu bestehen, um den Schulabschluss zu erreichen und gleichzeitig möglicherweise auch die Qualifikation für andere, weiterführenden Schulformen zu bekommen.
So ungewöhnlich diese Vorstellung auch klingen mag – du **bist** dieser Projektmanager, denn **du** hast alle Fäden in der Hand, um die Abschlussprüfung erfolgreich zu schaffen!
Jeder Projektmanager analysiert zunächst einmal die Ausgangslage für sein Vorhaben, macht eine Bestandsaufnahme, checkt die vorhandenen Stärken und Schwächen und steckt sich ein realistisches Ziel. Danach geht es an die Projektplanung.
All das kannst du auch auf deine Prüfungsvorbereitung übertragen. Wie das gehen kann – das erfährst du in diesem Kapitel.

1.1 Brainstorming

Brainstorming 1

1 Was verbindest du mit dem Gedanken an deinen Schulabschluss? Ergänze das folgende Akrostichon mit Begriffen, die dir zum Thema „Schulabschluss“ einfallen.

G U T E   Z E N S U R E N
C
H
U
L
A
B
S
C
H
L
U
S
S

2 Schau dir dein Ergebnis jetzt bitte genau an.
Welche Begriffe sind dir zu deinem Schulabschluss eingefallen? Geht es dir eher um den Spaß, die Abschlussparty und die Ferien danach?
Oder ist dir bewusst, dass dieses Schuljahr das letzte vor deinem Schulabschluss ist? Ist dir bewusst, dass du am Ende dieses Schuljahres in den Fächern Deutsch, Mathematik und Englisch eine Abschlussprüfung ablegen musst, die jeweils 50 Prozent deiner Abschlussnote in den jeweiligen Fächern ausmacht?

Dieses Schuljahr ist für dich besonders wichtig. Darum solltest du bereits zu Beginn der Klasse 10 mit den Vorbereitungen für diese Prüfungen anfangen. Denn lernst du kontinuierlich und bereitest du dich gleichmäßig vor, so kommst du in den letzten Wochen vor der Prüfung nicht unter Zeitdruck, sondern kannst alles ganz beruhigt angehen.
Sollte das Schuljahr aber bereits begonnen haben, so brauchst du dieses Buch jetzt nicht aus der Hand legen und denken, dass jetzt sowieso alles zu spät ist, nein, es enthält auch viele Tipps, die dir helfen, auch in den letzten Wochen vor der Prüfung noch intensiv zu üben.

Toi, toi, toi!

Brainstorming 2

3 Denke jetzt bitte einmal über deine Vorbereitung auf die Abschlussprüfung nach.
Notiere in deinem Heft alles, was du beachten musst, bzw. wie du an die Vorbereitung herangehen würdest!

4 Lies das folgende Beispiel von Timo.
Timo ist in diesem Jahr in der 10. Klasse und er weiß, dass die Abschlussprüfung unaufhaltsam näher rückt. Seine Lehrerin hat ihm gesagt, dass er für das Fach Deutsch die folgenden Aufsatzformen beherrschen muss:

- Charakteristik
- Inhaltsangabe
- Interpretation
- Argumentation
- Erörterung
- Leserbrief
- formale Briefe
- Bildbeschreibung

Timo will sich jetzt, zwei Wochen vor der Prüfung, „richtig" an die Arbeit machen und alles gründlich wiederholen, denn schließlich möchte er eine gute Zensur bekommen. Also kramt Timo seine Unterlagen durch und muss Folgendes feststellen:

- *Als das Thema „Inhaltsangabe" zu Beginn des Schuljahres wiederholt wurde, hatte er eine Mandelentzündung und war eine Woche nicht in der Schule. Damals hatte er keine Lust, sich ein Heft auszuleihen, alle Regeln abzuschreiben und die Hausaufgaben nachzuarbeiten.*
- *Auch andere Mitschriften sind unvollständig, weil er teilweise etwas abgelenkt war (im Mai hatte er nur Augen für Merle aus der 10e!) - oder weil er beim Abschreiben von der Tafel herumgetrödelt hat.*
- *Die Hausaufgaben, die waren irgendwie schon immer ein „rotes Tuch" für ihn. Eigentlich hat er immer nur das Nötigste gemacht - wenn überhaupt. Lange Aufsätze, z. B. Argumentationen, hat er auf Stichpunkte reduziert. - Damit kann er jetzt nicht mehr viel anfangen.*
- *Er findet in seinen Aufzeichnungen Begriffe, die er genau genommen noch nie verstanden hat. - Metapher, These, Antithese - was war das noch? Er weiß aber, dass die Lehrerin sie häufiger benutzt hat. Warum hat er bloß nicht nachgefragt?*
- *Viele Blätter hat er in seinen Ordner vorne eingeheftet, die Bearbeitung der Aufgaben steht irgendwo weiter hinten. Er hatte einfach keine Lust, das Datum auf die Zettel zu schreiben und die zusammengehörenden Blätter gemeinsam abzuheften oder ein Inhaltsverzeichnis anzulegen.*
- *Er erinnert sich, dass die Lehrerin ganz viele Schaubilder auf Folie gezeigt hat, z. B. als es um den Aufbau der Erörterung ging. Leider kann er jetzt aus seinem eigenen Geschmiere nicht mehr schlau werden.*

Timo ist ziemlich enttäuscht und auf einmal wahnsinnig nervös, als er seine Unterlagen durchgesehen hat.

5 Schreibe auf, woran es deiner Meinung nach liegt, dass Timo so aufgeregt ist.

6 Formuliere auf der Grundlage seiner Probleme sechs Tipps oder Regeln, die Timo bereits seit Anfang des Schuljahres hätte beachten müssen, um sich erfolgreich auf die Prüfung vorbereiten zu können.
Schreibe in dein Heft.

Tipps

Es ist wichtig, regelmäßig die Hausaufgaben zu machen und sie **gründlich** zu machen. Außerdem müssen alle Aufzeichnungen in der Mappe **vollständig, gut sortiert** und **gut lesbar** sein!
Ist im Unterricht ein Sachverhalt nicht ganz klar, ist es wichtig, **sofort nachzufragen!**

Es gibt also zwei Dinge, die du in dem Schuljahr der Abschlussprüfung, also der Klasse 10, besonders ernst nehmen musst, damit es dir nicht geht wie Timo:

Merke

Hausaufgaben & Heft- und Mappenführung

Übungen zu diesen Themen findest du weiter hinten im Buch.

1.2 Selbstreflexion

Um dich effektiv auf deine Prüfung vorbereiten zu können, musst du zunächst einmal herausfinden, zu welchem Typ von Schüler du gehörst, damit du deine Ziele realistisch stecken kannst. Auf den folgenden Seiten findest du zwei Möglichkeiten, dich kritisch mit deinem eigenen Lernverhalten auseinanderzusetzen.

Selbstreflexion 1

1 Bitte kreuze an, was auf dich zutrifft, und zähle die Punkte zusammen. Unten kannst du nachlesen, zu welchem Typ von Schüler du gehörst.

1.	Die Schule macht mir Spaß, wenn nur nicht die Hausaufgaben wären.	2	
2.	Die Schule und die Lehrer öden mich an.	0	
3.	Das, was mir an der Schule gefällt, sind die Pausen.	1	
4.	Ich finde fast alle Fächer interessant.	3	

5.	Ich mache alles, was die Lehrer verlangen, und trotzdem habe ich schlechte Noten.	1	
6.	Ich mache mir einen Plan für die Woche und lasse ausreichend Zeit für Hausaufgaben und Unterrichtsvorbereitungen.	3	
7.	Ich habe für jedes Fach eine Mappe angelegt, die ich regelmäßig auf den neuesten Stand bringe.	3	
8.	Korrigierte Klassenarbeiten schaue ich nicht mehr an. Eine Berichtigung bringt ja doch nichts.	1	
9.	Ich trage dem Lehrer immer die Tasche und bekomme deshalb bessere Noten.	2	
10.	Wenn meine Lehrer etwas vortragen, notiere ich mir selbstständig wichtige Informationen und arbeite diese Notizen am Nachmittag durch.	3	
11.	Meine Eltern helfen mir fast immer bei den Hausaufgaben. Alleine schaffe ich das nicht.	1	
12.	Begriffe, die ich nicht verstehe, schlage ich nach, lege sie in einer Kartei ab und wiederhole sie in regelmäßigen Abständen.	3	
13.	Der Sportunterricht gefällt mir am besten. Da muss man nicht schreiben.	1	
14.	Ich bin immer sehr langsam und schaffe im Unterricht häufig nicht die geforderten Aufgaben.	2	
15.	Mir fällt alles zu. Ich bin zwar nicht der beste Schüler, aber ich brauche mich gar nicht richtig anzustrengen, um ein einigermaßen gutes Zeugnis zu bekommen.	2	
16.	Ich bin immer unkonzentriert und lasse mich auch leicht von meinen Schulkameraden ablenken.	1	
17.	Keine Ahnung, warum man jeden Text markieren soll. Was eine Mindmap ist, habe ich bis heute nicht verstanden.	0	
18.	Wenn ich aus der Schule nach Hause komme, dann bin ich immer völlig fertig. Hausaufgaben mache ich dann nicht mehr. Ich brauche schließlich auch etwas Freizeit.	1	
19.	Selbstständig lernen würde ich ja, wenn ich nur wüsste, wie und wo ich anfangen soll.	2	
20.	Schule ist was für Streber.	0	

Typ 1 (mehr als 15 Punkte): Du bist der Typ von Schüler, der sein Lernen selbst organisiert. Du gehst gut vorbereitet in Prüfungen. Du kennst deine Stärken und deine Schwächen. Für deine Prüfungsvorbereitung findest du bestimmt hilfreiche Tipps.

Typ 2 (11 – 15 Punkte): Du bist der Typ von Schüler, der die Schule im Großen und Ganzen ernst nimmt, mitunter aber Unterstützung braucht. Du musst dein Lernen strukturieren und besser organisieren, um erfolgreicher zu sein. Dieses Buch wird dir dabei helfen. Wahrscheinlich wirst du nicht jedes Kapitel bearbeiten müssen. Aber schaden kann es nicht.

Typ 3 (6 – 10 Punkte): Du bist der Typ von Schüler, der der Schule nicht viel abgewinnen kann, sich aber trotzdem irgendwie durchwurschtelt. Wenn du einmal das Abitur schaffen willst, dann solltest du spätestens jetzt damit anfangen, deine Einstellung zu ändern. Erfolg kann dir dabei helfen. Arbeite die Kapitel in diesem Buch sorgsam durch und wende die gewonnenen Einsichten auf den Schulalltag an. Und du wirst sehen, dass sich schon bald Erfolg einstellen wird.

Typ 4 (weniger als 6 Punkte): Du bist der Typ von Schüler, der ganz dringend Unterstützung braucht. Du hast noch immer nicht verstanden, dass die Schule kein Gefängnis ist, sondern dir vor allem Chancen bietet. Da du bisher diese Chancen nicht genutzt hast, wird es nun höchste Zeit. Nimm dieses Buch und beherzige die Vorschläge und Tipps. Am besten verlierst du keine Zeit und beginnst gleich mit dem ersten Kapitel.

Selbstreflexion 2

2 **Schau dir die Karikatur auf Seite 14 an und überlege, welche Chancen auf einen Sieg du den einzelnen Schwimmern gibst. Begründe deine Einschätzung.**

Nr. 1:

Nr. 2:

Nr. 3:

Nr. 4:

3 **Wenn du nun die Schwimmer aus der Karikatur mit dir selbst und deiner Einstellung zum Lernen vergleichst, wem ähnelst du? Begründe deine Ansicht.**

Jetzt, da du dich kritisch mit deinem Lernverhalten beschäftigt hast, solltest du unbedingt auch eine Selbstüberprüfung vornehmen. Im nächsten Kapitel geht es vor allem um deine Stärken und Schwächen.

1.3 Selbstüberprüfung Stärken und Schwächen

In diesem Kapitel sollst du dich mit deinen Stärken und deinen Schwächen auseinandersetzen. Dazu brauchst du die Zeugnisse der vergangenen Schuljahre.

Folgende Übungsschritte durchläufst du:

1. Zunächst wertest du deine Zeugnisnoten aus und verschaffst dir damit einen Überblick über deine Notenentwicklung.
2. Du wählst dein bestes und dein schwächstes Fach aus und stellst die Fächer mittels einer grafischen Visualisierung einander gegenüber.
3. Durch einen Fragebogen sollst du die Ergebnisse des schwachen Fachs mit dem starken Fach vergleichen. Die Ergebnisse hältst du schriftlich fest.
4. Wenn du dann noch die Standards kennst, also die Anforderungen, die das Fach und natürlich deine Lehrerin oder dein Lehrer an dich stellen, dann hast du eine Bestandsaufnahme vorgenommen.
5. Nun musst du aus den Erkenntnissen, die du gewonnen hast, Regeln entwickeln, die dir beim Lernen und bei der Verbesserung deiner Zensuren helfen.

1 **Trage in die Tabelle deine Noten aus den vergangenen Schuljahren ein.**
Nun hast du zwei Möglichkeiten. Entweder du konzentrierst dich auf jeweils dein stärkstes und schwächstes Fach oder du fasst die Fächer in den vier Aufgabenfeldern zusammen und ermittelst so dein starkes und dein schwaches Aufgabenfeld.

Übersicht über die Zeugnisnoten

		5.1	5.2	6.1	6.2	7.1	7.2	8.1	8.2	9.1	9.2
Sprachen	Deutsch										
	Englisch										
	Französisch										
	Spanisch										
	Latein										
Mathematik und Naturwissenschaften	Mathematik										
	Biologie										
	Physik										
	Chemie										
	Informatik										

		5.1	5.2	6.1	6.2	7.1	7.2	8.1	8.2	9.1	9.2
Gesellschafts-wissenschaften	Geschichte										
	Erdkunde										
	Religion										
Musischer Bereich/Sport	Musik										
	Kunst										
	Sport										

2 Zeichne eine Kurve, um die Verbesserung/Verschlechterung zu veranschaulichen.
Arbeite mit verschiedenen Farben. Die Skalierung musst du noch vervollständigen.

Visualisierung

Nun hast du deine Verbesserungen und deine Verschlechterungen sichtbar gemacht. Jetzt geht es darum, herauszufinden, warum du in einem bestimmten Fach die erwarteten Leistungen nicht erbringen kannst, während es in anderen Fächern besser zu klappen scheint. Fülle dazu den folgenden Fragebogen aus.

3 Trage zunächst die Fächer oder Fachbereiche ein, in denen du besonders gut oder besonders schwach bist. Fülle dann die Fragebögen aus.
Eines muss dir dabei klar sein. Wenn du nicht ehrlich bist, dann wird dir diese Selbstüberprüfung natürlich auch nicht helfen. Im dritten Teil des Fragebogens (Äußere Einflüsse) kannst du eigene Äußerungen hinzufügen. Auf geht's ...

Fragebogen

	Stärken			Schwächen		
Fach/Fachbereich:						
Arbeitshaltung	immer	manchmal	nie	immer	manchmal	nie
Ich beteilige mich aktiv am Unterricht.						
Ich mache meine Hausaufgaben.						
Ich bereite mich langfristig auf Klassenarbeiten vor.						
Meine Hefte und Mappen sind auf dem neuesten Stand.						
Ich habe meine Unterrichtsmaterialien dabei.						
Ich nutze zum Lernen verschiedene Methoden.						
Unbekannte Begriffe schlage ich nach.						
Ich berichtige meine Klassenarbeiten.						

Fach/Fachbereich:	Stärken			Schwächen		
Persönliche Voraussetzungen	trifft oft zu	trifft manchmal zu	trifft selten zu	trifft oft zu	trifft manchmal zu	trifft selten zu
Ich hatte nie Probleme mit dem Verständnis der Inhalte.						
Ich kann mich gut konzentrieren.						
Ich kann Arbeitsaufträge sofort umsetzen.						
Ich komme mit den Lehrern klar.						
Vor Klassenarbeiten bin ich immer sehr nervös.						
Ich kann mir die Inhalte sehr gut merken.						
Der Unterricht in diesem Fach macht mir keinen Spaß.						
Ich gehe mit einer positiven Einstellung in den Unterricht.						

Äußere Einflüsse			
	trifft oft zu	trifft manchmal zu	trifft selten zu
Ich lasse mich häufig durch meine Mitschüler ablenken.			
An meinem häuslichen Arbeitsplatz kann ich mich nicht konzentrieren.			
Private Probleme halten mich vom Arbeiten ab.			
Ich habe durch zu viele Freizeitaktivitäten wenig Zeit für die Schule.			

4 **Schreibe nun in deinem Heft auf, warum du in einem Fach/Fachbereich gut und in einem anderen schwach bist. Formuliere in ganzen Sätzen.**

In *bin ich gut, weil ich ...*

In *bin ich schwach, weil ich ...*

Nun kommt der schwierigste Teil dieser Aufgabe. Du musst dich in deine Lehrerin oder deinen Lehrer hineinversetzen.

5 **Überlege einmal, welche Anforderungen die Lehrerin oder der Lehrer des Faches an dich stellt, in dem du die größten Probleme hast.**
Die Leistungsstandards, die für jedes Fach festgelegt sind, kannst du bei deiner Lehrerin oder deinem Lehrer erfragen.

Standards und Anforderungen

Im Fach muss man, um gut zu sein, ...

6 Ergänze die fehlenden Stichpunkte im folgenden Text.

Regeln und Vereinbarungen

Im Fach ______ muss ich kurzfristig (bis zur nächsten Arbeit)

(bis zum: ______) Folgendes erledigen: ______

z. B.: Vokabeln und Formeln für die nächste Arbeit lernen.

Im Fach ______ muss ich mittelfristig (zum Halbjahr)

(bis zum: ______) Folgendes erledigen: ______

z. B. Inhalte des Halbjahres nacharbeiten.

Im Fach ______ muss ich langfristig (zur Abschlussprüfung)

(bis zum: ______) Folgendes erledigen: ______

z. B.: Technik der Erörterung üben und jeweils eine pro Monat schreiben.

7 Schreibe die Regeln und Vereinbarungen ab und hänge sie sichtbar über deinen Schreibtisch. Hake ab, was du erledigt hast.

Regeln und Vereinbarungen, die du selbst aufstellst, solltest du auch einhalten. Aber vergiss bitte nicht, dass deine Ziele immer auch realistisch und erreichbar sein müssen. Es nützt dir nichts, wenn du Dinge anstrebst, die du ohnehin nicht erreichen kannst. Denk' dran: Niemand geht los, wenn er das Ziel nicht erreichen kann!

1.4 Verschiedene Arten von Prüfungen

Je nachdem, in welchem Bundesland du lebst, oder auch je nach Fach gibt es unterschiedliche Arten einer Prüfung, nämlich:

- ▷ schriftliche Prüfungen/Klausuren
- ▷ praktische Prüfungen
- ▷ Präsentationsprüfungen
- ▷ mündliche Prüfungen

Sicherlich bist du schon darüber informiert, welche Art der Prüfung dir bevorsteht. Dennoch erfordert jede Variante eine andere Art der Vorbereitung.
Vermutlich ist diese Abschlussprüfung neu für dich. Außerdem hat sie großes Gewicht bei deiner Abschlussnote. Das kann schon nervös machen. Verschaff dir erst einmal einen Überblick über die Rahmenbedingungen, damit du dir die eigentliche Prüfungssituation besser vorstellen kannst:

1 Notiere zunächst einmal alle Fragen, die dir spontan zum Ablauf deiner Prüfungen einfallen.

2 Erkundige dich dann bei deinen Lehrern nach dem genauen organisatorischen Ablauf der Prüfung.
Nutze dafür die folgende Checkliste, die für jede Art von Prüfung gilt, und die du natürlich bei Bedarf auch noch erweitern kannst.

Alles klar? – Checkliste zum Prüfungsablauf

- ▷ Wo findet die Prüfung statt? In welchem Gebäudetrakt? In welchem Raum?
- ▷ Was geschieht währenddessen in den Nebenräumen oder auf dem Flur? Werden wir genug Ruhe haben?
- ▷ Wann genau beginnt die Prüfung? Wann sollte ich frühestens/spätestens im Raum sein? Was passiert, wenn jemand zu spät kommt?
- ▷ Gibt es ein Zeitlimit für einzelne Prüfungsteile? Wann muss ich spätestens mit diesen einzelnen Teilen fertig sein?
- ▷ Wann ist die Prüfung zu Ende? Was ist, wenn ich schon früher fertig bin? Was passiert, wenn ich nicht in der angegebenen Zeit fertig werde?
- ▷ Gibt es zwischendurch Pausen? Darf ich etwas essen oder trinken? Und wenn ich mal zur Toilette muss?
- ▷ Wer führt Aufsicht? Ist mein Fachlehrer die ganze Zeit dabei? Was ist, wenn der mal zur Toilette muss?

- ▷ Darf ich vorher oder zwischendurch Fragen stellen, falls ich etwas nicht verstanden habe?
- ▷ Muss ich die Aufgaben der Reihe nach erledigen oder kann ich meine eigene Reihenfolge wählen?
- ▷ Darf ich einen Schmierzettel benutzen? Muss ich den dann mit abgeben? Wohin sollen die Nebenrechnungen geschrieben werden?
- ▷ Was muss ich auf dem Aufgabenzettel eintragen? Welche Aufgaben muss ich in mein Heft schreiben?
- ▷ Darf ich Hilfsmittel benutzen? (Taschenrechner, Formelsammlung, Rechtschreib-Duden, Wörterbuch ...?) Muss ich diese selbst mitbringen oder werden sie in der Schule verteilt?
- ▷ Welche Werkzeuge brauche ich außerdem (Geodreieck, Zirkel, Zeichenschablone ...)?

Nachdem du dich nun über die organisatorischen Rahmenbedingungen informiert hast, kannst du dich den inhaltlichen Aspekten deiner Prüfung zuwenden. Je nachdem, welche Art von Prüfung dir bevorsteht, werden auch die Erwartungen und Anforderungen unterschiedlich sein.

Für alle Arten von Prüfungen gelten folgende Fragen:

- ▷ Was genau wird von mir erwartet?
- ▷ Wie werden einzelne Teile der Prüfung bewertet und dann gewichtet?
- ▷ Wann, in welcher Form und wie ausführlich wird das Prüfungsergebnis mitgeteilt?

3 Erkundige dich auch bei deinen Lehrern nach den inhaltlichen Aspekten der Prüfung.

Checkliste für schriftliche Prüfungen

Diese Art der Prüfung dürfte dir am besten bekannt sein, denn jede Klassenarbeit, die du bisher geschrieben hast, ist eine schriftliche Prüfung. Damit hast du also schon Erfahrung. Dennoch solltest du folgende Aspekte im Vorfeld klären:

- ▷ Welche Inhalte/Themen werden abgefragt?
- ▷ Wie werden sie gewichtet?
- ▷ Welche Rolle spielen die Rechtschreibung, die Grammatik, die sprachliche Formulierung ...
- ▷ Gibt es Auswahlmöglichkeiten zwischen verschiedenen Themen? Oder gar ein Thema meiner eigenen Wahl?
- ▷ Welche Aufgabentypen habe ich zu erwarten? (Multiple-Choice-Fragen, Fragen zu einem Sachverhalt oder Text beantworten, etwas zeichnen, Pro- und Kontra-Argumente auflisten, eigene Meinung zu einem Thema abgeben und begründen ...)

Checkliste für praktische Prüfungen

In einigen Fächern (z. B. Technik oder Kunst) gibt es möglicherweise praktische Prüfungen. Das heißt, du musst während der Prüfung etwas herstellen, bauen, zeichnen, malen ... Mögliche Fragen an deine Lehrer könnten sein:

- ▷ Welches Produkt muss ich erstellen? Gibt es dafür ein spezielles inhaltliches Thema?
- ▷ Steht eine bestimmte Technik im Vordergrund?
- ▷ Welche Materialien, Werkzeuge und sonstige Hilfsmittel brauche ich dafür? Werden sie alle zur Verfügung gestellt oder muss ich selber etwas mitbringen?
- ▷ Was muss/kann oder soll ich zu Hause schon dafür vorbereiten?
- ▷ Wie viel Zeit habe ich für die Planung, wie viel dann für die Ausführung?
- ▷ Muss ich Ideensammlung, Planung, Skizzen, Proben, Modelle ... auch abgeben? Zählen sie mit zur Prüfungsleistung? Wie werden die einzelnen Anteile gewichtet?
- ▷ Muss ich das Produkt fertigstellen? Was ist, wenn es nicht ganz fertig geworden ist?
- ▷ Kann ich mein Produkt und/oder mein Vorgehen schriftlich oder mündlich erläutern? Oder muss ich das sogar?

Checkliste für Präsentationsprüfungen

Für manche Prüfungen musst du ein Referat oder eine Präsentation vorbereiten und halten. Kläre folgende Fragen:

- ▷ Wird das Thema vorgegeben oder habe ich Einfluss auf die Themenstellung?
- ▷ Wann wird das Thema benannt oder abgesprochen?
- ▷ Wie viel Zeit habe ich dann für die inhaltliche Vorbereitung? Erfolgt sie zu Hause oder in der Schule?
- ▷ Welche Hilfsmittel darf ich für die inhaltliche Ausarbeitung nutzen (Fachbücher, Lexika, Internet ...)? In welcher Form soll ich meine Informationsquellen angeben? Wie sollen Zitate kenntlich gemacht werden?
- ▷ In welcher Form soll ich die Inhalte verschriftlichen (Ausarbeitung in ganzen Sätzen, Stichwortkarten, Zusammenfassung als Mindmap ...)?
- ▷ Kann ich/muss ich Medien oder Hilfsmittel für die Präsentation vorbereiten (z. B. Plakat, Folien, Fotos, Tonbeispiele, reale Gegenstände, Modelle ...)?
- ▷ Was genau wird während der eigentlichen Präsentation von mir erwartet? Wie lange muss sie mindestens/darf sie höchstens dauern?
- ▷ Wie werden die inhaltliche Ausarbeitung, die Gestaltung der Medien und der eigentliche Vortrag bewertet und gewichtet?

Mündliche Prüfungen

Mündliche Prüfungen stellen für dich vermutlich eine ganz besondere Herausforderung dar, denn im Schulalltag sind sie eher selten. Nun gehört eine mündliche Prüfung vielleicht sowieso zu deiner Abschlussprüfung dazu oder du hast die Möglichkeit zu einer mündlichen Nachprüfung. Egal, ob du schon Erfahrungen mit mündlichen Prüfungen hast oder nicht: Eine gute Vorbereitung lohnt sich hier besonders.

4 Kläre im Vorfeld zunächst den organisatorischen Ablauf sowie die inhaltlichen Erwartungen, die mit der mündlichen Prüfung verbunden sind (siehe die beiden ersten Checklisten).

In der Zeit **unmittelbar vor** der mündlichen Prüfung wirst du dann vermutlich sehr nervös sein. Tipps hierfür findest du im vierten Kapitel (S. 93 ff.).

1.5 Projektplanung

Diese und andere Fragen bekommst du auf den folgenden Seiten beantwortet.

Projektplanung – klingt das nicht ein wenig zu abgehoben? Die Vorbereitung auf eine Abschlussprüfung soll ein Projekt sein? Schule ist doch kein Wirtschaftsunternehmen!
Nun ja, es kommt ganz darauf an, wie man sein eigenes Lernen begreift und beurteilt. Denn Projektarbeit bedeutet auch immer, dass man die Dinge in die eigenen Hände nimmt. Und das kann man in der Schule natürlich auch. Vielleicht hast du das bisher nicht so gesehen.

Zu einem Projekt gehört zunächst einmal ein klares Ziel. Dein Ziel sollte es sein, die Abschlussprüfung der 10. Klasse zu schaffen. Dann brauchst du natürlich auch einen Zeitplan. Einen Zeitplan zu entwickeln sollte dir nicht schwer fallen. Die Prüfungstermine stehen ja meistens schon lange im Voraus fest. Und wie ein Projekt, besteht auch deine Abschlussprüfung aus vielen verschiedenen Elementen und Teilbereichen, die ineinanderpassen müssen. So wie ein neues Auto aus vielen Einzelteilen zusammengebaut wird und nur dann auch fährt, wenn die Teile zueinanderpassen, so müssen deine Prüfungsvorbereitungen aufeinander abgestimmt sein, damit du den erhofften Erfolg hast.

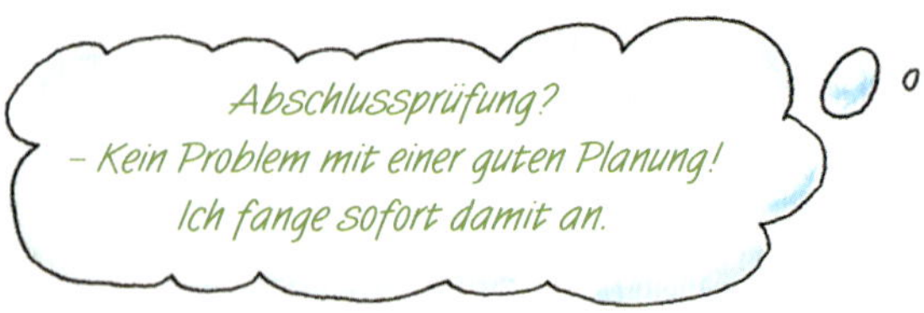

Merke

Ein Projekt ist ein großes, schwieriges, übergreifendes, innovatives, handlungsorientiertes und einmaliges Vorhaben, das durch ein klares Ziel definiert wird.

Und das passt alles zu deinem Vorhaben, die 10. Klasse erfolgreich absolvieren zu wollen. Gehe bei deinem Projekt Abschlussprüfung in einzelnen Schritten vor:

- Ziel formulieren
- Aufgaben formulieren
- Meilensteine definieren und festlegen
- Zeitplan erstellen
- Projekt durchführen
- Abschlusskontrolle

Ziel formulieren

Merke

Ein Ziel ist Richtschnur und Maßstab für alle Projektaktivitäten!
Das Ziel muss konkret, in Inhalt, Ausmaß und Zeit eindeutig formuliert sein.

Das bedeutet, ein Ziel muss überprüfbar und realistisch sein. Wenn du in drei Fächern, die in der Abschlussprüfung abgeprüft werden, knapp ausreichende Ergebnisse erzielt hast, dann solltest du keine Wunder erwarten. Eine Verbesserung um jeweils eine Note wäre schon ein großer Erfolg.

So, und nun wird es konkret: Dein Ziel solltest du während der Vorbereitung auf die Abschlussprüfung deutlich sichtbar über deinem Schreibtisch aufhängen. Ob das Projekt am Ende erfolgreich war, kannst du dann sehen, wenn die Abschlusszeugnisse verteilt werden.

1 Schreibe dein persönliches Ziel auf und wie du es erreichen kannst.

1. Mein Ziel für die Abschlussprüfung (Beispiel: den Abschluss der 10. Klasse mit einem Notendurchschnitt von 2,5 zu schaffen):

2. Um dieses Ziel zu erreichen, muss ich folgende Maßnahmen einleiten (Beispiel: in Englisch die Grammatik aus dem 9. Schuljahr wiederholen; in Deutsch den Unterricht vorbereiten und Texte auch wirklich lesen):

3. Wer oder was (Einstellung, Verhalten, Umfeld, Personen usw.) kann mir dabei helfen, das Ziel zu erreichen (Beispiel: Nachhilfe)?

4. Wer oder was (Einstellung, Verhalten, Umfeld, Personen usw.) könnte mich vom Erreichen meines Ziels abhalten (Beispiel: Lehrer, die mich nicht leiden können; mein Arbeitsplatz)?

5. Das Schlimmste, wenn ich mein Ziel nicht erreiche, ist (Beispiel: Schuljahr wiederholen):

6. Wenn ich mein Ziel nicht erreiche, werde ich

Aufgaben formulieren

2 Schreibe auf, welche Aufgaben du erledigen musst, um dein Ziel zu erreichen.

1. Vor Beginn des Projekts „Vorbereitung auf die Abschlussprüfung“ (Hinweise auf die zu erledigenden Aufgaben findest du in den folgenden Kapiteln 2 und 3, S. 31–48 und S. 49–92):

2. Während der Durchführung des Projekts „Vorbereitung auf die Abschlussprüfung“:

3. Nach der Durchführung, wenn du dein Zeugnis erhalten hast, solltest du ruhig noch einmal überlegen, was an deiner Planung und Durchführung gut geklappt hat. Vielleicht hat auch etwas nicht so funktioniert, wie du es eigentlich geplant hattest. Dann solltest du das für dein nächstes Projekt unbedingt berücksichtigen.

Meilensteine definieren

Meilensteine sind Markierungen auf deinem Weg zum Projektziel. Diese Meilensteine sagen dir, ob du auf dem richtigen Weg bist. Wenn du bemerkst, dass du nach Erreichen eines Meilensteins vom Weg abgekommen bist, kannst du immer noch etwas an deiner Planung ändern.
Wer sich auf eine Abschlussprüfung vorbereitet, der sollte langfristig planen. Nun ist es aber so, dass neben der Vorbereitungsphase auch noch „normaler“ Unterricht stattfindet. So hast du für Wiederholungen natürlich nur begrenzt Zeit. Die folgende Einteilung soll dir verdeutlichen, was gemeint ist.

3 Ergänze deine persönlichen Meilensteine.
Schreibe in dein Heft, wenn der Platz nicht reicht.

Monat	Meilenstein
September	
Oktober	
November	*Deutsch: Ich kann in Texten Strukturen erkennen und die Abschnitte in wenigen Worten zusammenfassen. Ich kann erklären, was eine Erörterung ist und wie man eine schreibt.*
Dezember	
Januar	*Halbjahreszeugnis zeigt deutlich meine Verbesserungen* *Deutsch: von 4 auf 3* *Englisch: Von 3 auf 2* *Mathematik: Von 4 auf 3*
Februar	
März	
April	*Mathematik: Ich habe mir zu Übungszwecken eine Arbeit der 9. Klasse besorgt und zu Hause ohne Hilfsmittel geschrieben. Das Ergebnis zeigt, dass ich die nachgeholten Inhalte der 9. Klasse jetzt beherrsche.*
Mai	

Zeitplan erstellen

Ein Zeitplan ist wichtig, um das Gesamtziel nicht aus den Augen zu verlieren. Du kennst das wahrscheinlich, dass man gerne Dinge vor sich herschiebt. Am Ende häufen sich dann die Aufgaben, sodass man glaubt, man könne diese Aufgaben nicht mehr bewältigen.

4 Erstelle einen Zeitplan.
Trage alle wichtigen Termine für die Arbeiten, Präsentationen oder andere Vorhaben, die eine etwas längere Vorbereitungszeit nötig haben, ein.
Die Ergebnisse solltest du in der kleinen Spalte dahinter eintragen. Wenn langfristige Hausaufgaben oder Präsentationsvorbereitungen anstehen, dann solltest du dies und deren Erledigung ebenfalls vermerken. Und dann bleibt eine dritte Spalte, die dir deutlich machen soll, dass es bestimmt noch das eine oder andere nachzuholen gibt. Sei ehrlich zu dir und schau in dem vorangegangenen und dem folgenden Kapitel nach, was es noch alles für dich zu tun gibt.

Langfristiger Zeitplan für die Projektplanung

Monat	Woche	Arbeiten, Präsentationen, Projekte	erledigt/ Note	Hausaufgaben, Präsentationsvorbereitungen	erledigt	nachzuholende Inhalte	erledigt
September							
Oktober							
November							
Dezember							
Januar							
Februar							
März							
April							

Monat	Woche	Arbeiten, Präsentationen, Projekte	erledigt/ Note	Hausaufgaben, Präsentationsvorbereitungen	erledigt	nachzuholende Inhalte	erledigt
Mai							
Juni							
Juli							

Projekt durchführen

Nun kommt der „leichteste“ Teil deines Projekts. Du musst jetzt nur noch alles das machen, was du geplant hast.

▷ Du hast ein Ziel!
▷ Du hast Meilensteine definiert!
▷ Du hast einen Zeitplan erstellt, der genügend Platz bietet, um nötige Anpassungen vornehmen zu können!

Was hält dich also davon ab, gleich jetzt mit der Vorbereitung auf deine Abschlussprüfung zu beginnen?

Sollte nicht alles so verlaufen, wie du es geplant hast, dann hast du immer noch die Möglichkeit, deine Projektplanung zu überdenken und deine Ziele anzupassen. Dafür sind die Meilensteine da. Konkrete Tipps und Techniken zum effektiven Lernen und Behalten des Lernstoffs erhältst du später im Kapitel 3, S. 49–92. Dort kannst du sie auch gleich bei vielen Übungen erproben.

Abschlusskontrolle

Damit ist gemeint, dass man sich nach Beendigung der Arbeit noch einmal Gedanken über das gesamte Projekt, seinen Verlauf und das Ergebnis macht. Ziel ist es, für das nächste Projekt hinzuzulernen.
Mehr dazu im Nachwort am Ende dieses Buches.

Und nun viel Erfolg!

Nach den bisherigen Vorüberlegungen zu den Rahmenbedingungen für deine Abschlussprüfung und nach der Selbstreflexion über dein Lernverhalten geht es nun um die Vorbereitung deiner Arbeit. Du musst jetzt die richtigen Voraussetzungen für zielgerichtetes und effektives Lernen schaffen:

Wenn du deine **Hausaufgaben** erledigst, dann merkst du schnell, welche Themen und Aufgaben du schon beherrschst und in welchen Bereichen du noch Übung und Wiederholung brauchst. **Hefte und Mappen** sind – neben den Schulbüchern – die Grundlage für deine inhaltliche Prüfungsvorbereitung. Du brauchst außerdem einen guten **Zeitplan** für eine Woche, um das „Alltagsgeschäft" in der Schule mit den zusätzlichen Lerneinheiten für die Prüfung zu koordinieren, und schließlich noch einen **Arbeitsplatz,** der dir das Lernen erleichtert und angenehm macht.

Über all diese Aspekte kannst du in diesem folgenden Teil des Buches eine Menge lernen.

2.1 Vorbereitung – warum?

Dass du dich auf Klassenarbeiten und Tests vorbereiten musst, kennst du schon lange. Immer wieder das gleiche Spiel: Im Unterricht wird ein Thema behandelt, vier Wochen lang, sechs Wochen lang und am Ende der Unterrichtseinheit musst du beweisen, dass du den Stoff behalten und verstanden hast.

In der Regel bereitet man sich auf diese Prüfungen vor, indem man zunächst natürlich die Hausaufgaben regelmäßig macht und vor der Klassenarbeit oder dem Test dann den Stoff der letzten vier bis sechs Wochen noch einmal wiederholt.

Aber wie ist es jetzt? Wenn du die Abschlussprüfung ablegst, musst du auch zeigen, dass du den Lernstoff behalten und verstanden hast, ihn sogar anwenden kannst. Dieses Mal geht es aber nicht nur um den Stoff weniger Wochen, sondern um die Themen eines ganzen Schuljahres und sogar mehrerer Schuljahre. Wie bereitest du dich darauf vor?

Reicht es jetzt auch aus, wenn du die Hausaufgaben regelmäßig machst und dann, kurz vor der Prüfung, noch einmal alles wiederholst?

2.2 Hausaufgaben

Bereits in Kapitel 1 dieses Buches (Bestandsaufnahme) hast du erfahren, dass es sehr wichtig ist, die Hausaufgaben regelmäßig zu machen und sie nicht immer auf das Nötigste zu beschränken. Außerdem solltest du im Unterricht bei der Besprechung der Hausaufgaben immer gut mitarbeiten, dir bei falschen Antworten Notizen machen und die Aufgaben dann zu Hause noch einmal nacharbeiten.

1 **Bringe die folgenden Merksätze sinnvoll zusammen, indem du sie mit Linien verbindest.**
Tipp: Zu jedem Satzanfang auf der linken Seite gehört ein Teil auf der rechten Seite.

Für meine Hausaufgaben nehme ich mir genügend Zeit ...	in mein Hausaufgabenheft, damit ich keine Aufgabe vergesse!
Meine Hausaufgaben schreibe ich regelmäßig und vollständig ...	nicht zu spät abends, damit ich mich gut konzentrieren kann.
Mit den Hausaufgaben beginne ich ...	frage ich in der nächsten Stunde nach, mache mir dann eine helfende Notiz und arbeite die Aufgabe zu Hause noch einmal gründlich nach.
Wenn ich krank bin oder aus Versehen eine Aufgabe vergessen habe, ...	und lasse mich nicht durch unwichtige Termine oder Freunde, die auf mich warten, unter Zeitdruck setzen!
Verstehe ich einen Teil der Hausaufgabe nicht, ...	dass jede Übung für die Klassenarbeit und die Abschlussprüfung wichtig ist.
Bei der Hausaufgabe gebe ich mir viel Mühe und reduziere sie nicht auf das Nötigste, denn ich weiß ...	hole ich diese selbstverständlich nach. Gegebenenfalls frage ich den Lehrer, ob er sie kontrollieren kann.

2 **Schreibe die Merksätze in einer sinnvollen Reihenfolge in deinem Heft auf.**

2.3 Heft- und Mappenführung

Auch wenn die Prüfungen „nur“ in den Fächern Deutsch, Mathematik und Englisch stattfinden, solltest du doch in allen Fächern, auch den sogenannten Nebenfächern, auf eine ordentliche Heft- bzw. Mappenführung und eine gute Mitarbeit im Unterricht achten, denn für dein Abschlusszeugnis zählt schließlich jede Note! Darum werden wir in diesem Buch nicht ausschließlich auf die Prüfungsfächer eingehen, sondern auch die anderen Fächer einbeziehen.

Timo hat sich zwei Wochen vor der Prüfung vorgenommen, „richtig Gas“ zu geben und alles gründlich zu wiederholen. Leider hat er dabei festgestellt, dass seine Hefte und Mappen in einem chaotischen Zustand sind und nur wenig daraus brauchbar ist.

Hier siehst du eine Seite aus Timos Deutschheft. In der letzten Stunde wurden die Wortarten wiederholt, Timo hat sich dazu Notizen gemacht:

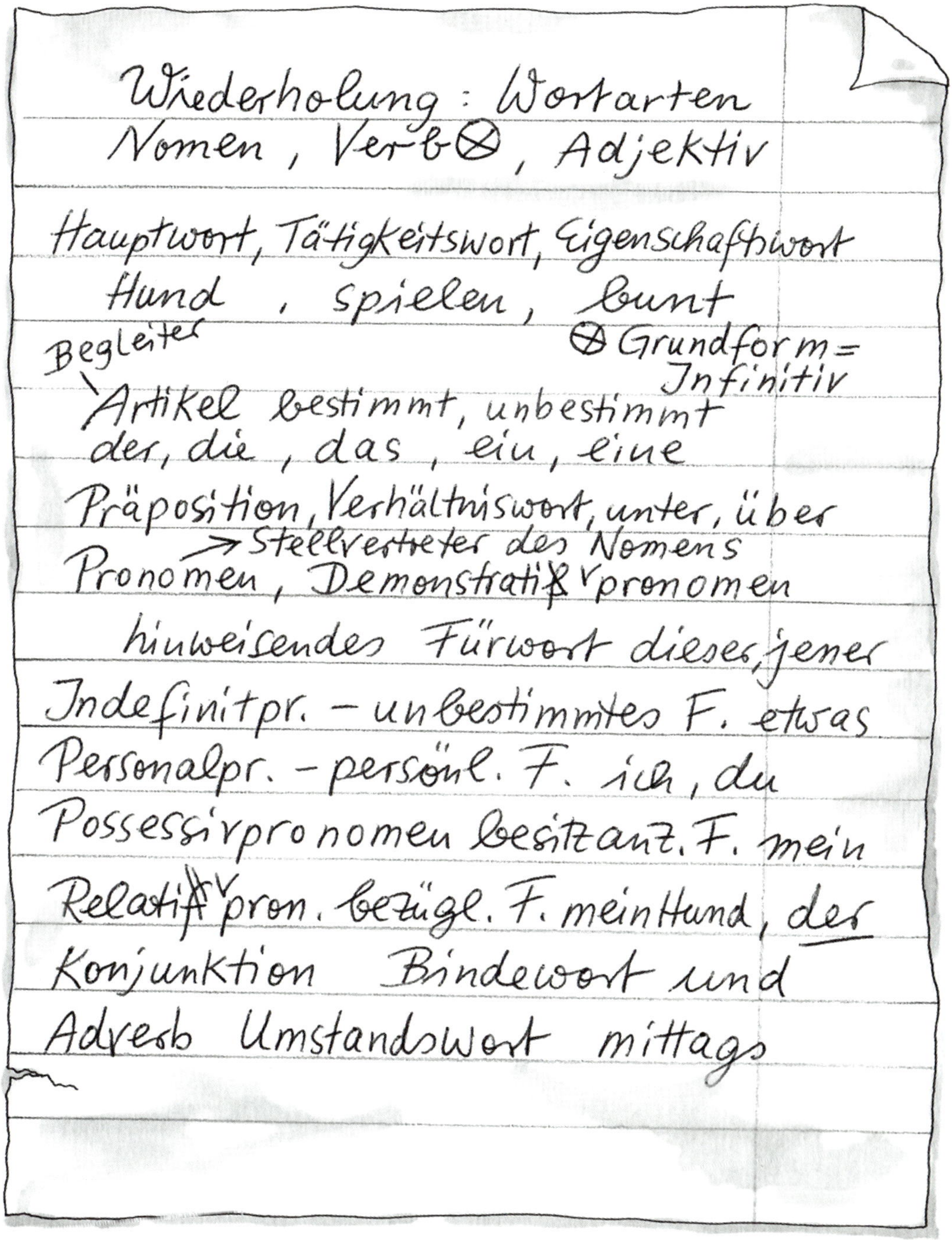

Wiederholung: Wortarten
Nomen, Verb⊗, Adjektiv

Hauptwort, Tätigkeitswort, Eigenschaftswort
Hund, spielen, bunt
Begleiter ⊗ Grundform = Infinitiv
Artikel bestimmt, unbestimmt
der, die, das, ein, eine
Präposition, Verhältniswort, unter, über
→ Stellvertreter des Nomens
Pronomen, Demonstratifvpronomen
hinweisendes Fürwort dieser, jener
Indefinitpr. – unbestimmtes F. etwas
Personalpr. – persönl. F. ich, du
Possessivpronomen besitzanz. F. mein
Relatifvpron. bezügl. F. mein Hund, der
Konjunktion Bindewort und
Adverb Umstandswort mittags

Hier siehst du eine Seite aus Jonahs Deutschheft. In der letzten Stunde wurden noch einmal die Merkmale der Inhaltsangabe besprochen:

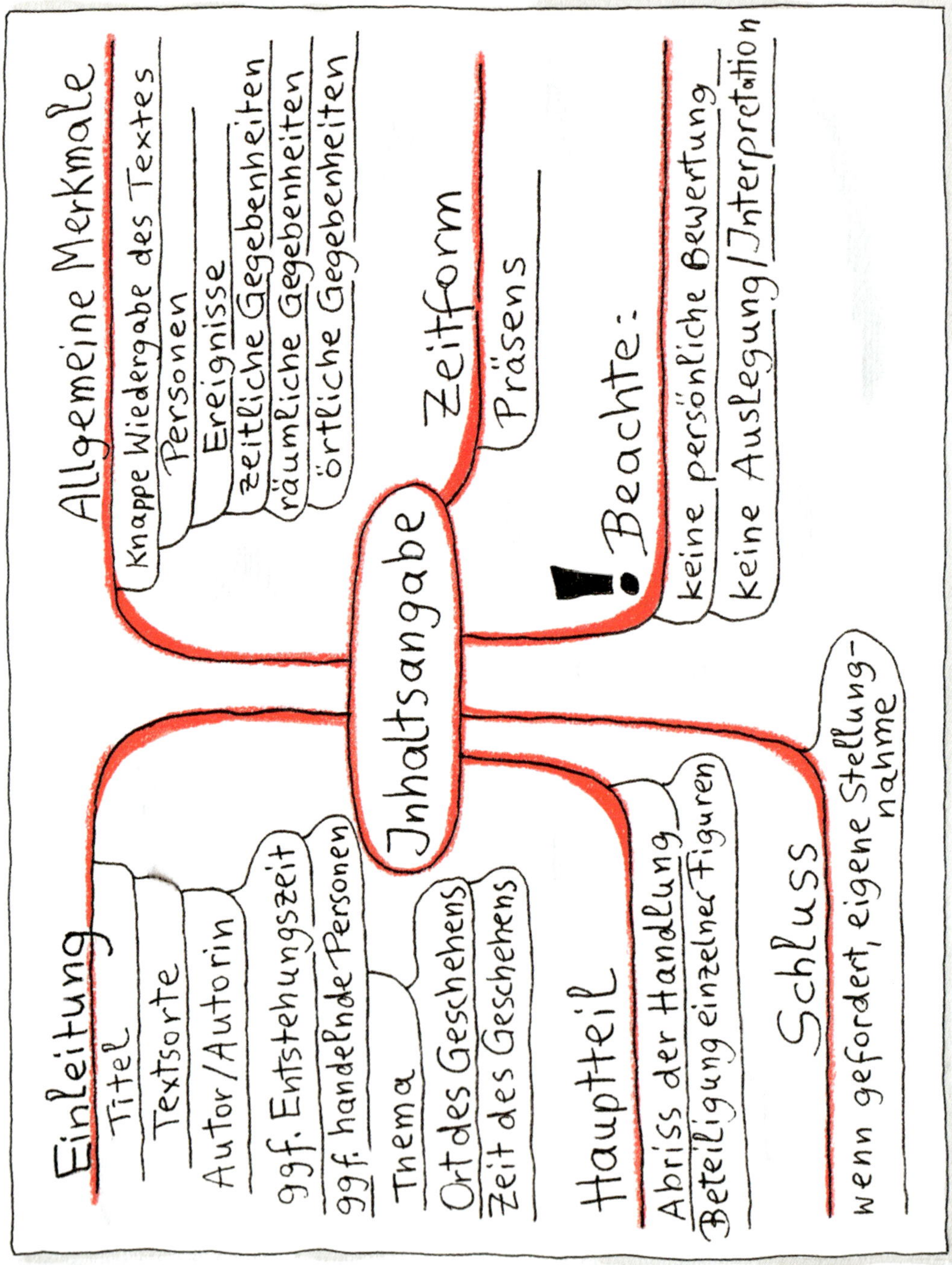

1 **Sieh dir die beiden Seiten genau an.**

2 **Notiere in Stichpunkten, was diese Seiten unterscheidet:**

3 **Mit welchen Aufzeichnungen könntest du dich besser auf eine Prüfung vorbereiten?**

☐ mit Timos ☐ mit Jonahs

4 **Notiere in Stichpunkten eine kurze Begründung für deine Entscheidung:**

An dem Beispiel aus Jonahs Mappe siehst du, wie eine ordentliche Seite in einem gut geführten Heft aussehen kann und aussehen sollte.
Natürlich ist die Zeit im Unterricht manchmal zu knapp, um alles ordentlich mitzuschreiben und entsprechend zu visualisieren. Dann ist aber dein häuslicher Fleiß gefragt. Unsaubere Mitschriften müssen zu Hause dringend überarbeitet werden, denn dein Heft oder deine Mappe soll dir immer auch als Regelheft und Nachschlagewerk dienen.

5 **Bringe stellvertretend für Timo die doch sehr unordentliche und unübersichtliche Heftseite in eine angemessene, übersichtliche Form, sodass sie sich zum Lernen gut eignet.**
Du kannst selbst entscheiden, ob du aus den Notizen eine Mindmap oder eine andere übersichtlich gegliederte Zusammenstellung der Wortarten erstellst.
Schreibe in dein Heft.
Tipp: Bist du bei der Gestaltung einer Mindmap unsicher, lies die Regeln auf S. 49 ff.

Auch wenn Fächer wie Erdkunde, Geschichte, Biologie, Chemie usw. nicht zu den Prüfungsfächern gehören, so solltest du doch im Laufe der Klasse 10 die Mappen für alle Fächer in Ordnung haben, denn Tests und Klassenarbeiten musst du in allen Fächern schreiben und auch die sind für deine Abschlusszensuren wichtig!
Außerdem erleichtert eine ordentliche Heft- und Mappenführung deine Zeitplanung. Denn wenn du nicht erst umständlich alle Materialien zusammensuchen und sie gegebenenfalls erst noch ergänzen musst, bevor du mit der eigentlichen Arbeit beginnen kannst, sparst du damit viel Zeit.

Du hast in der Schule Unterrichtsfächer, in denen du dich auch mithilfe des Schulbuches auf Tests oder Klassenarbeiten vorbereiten kannst. Dann ist es relativ leicht, wichtige Sachverhalte noch einmal nachzulesen und gegebenenfalls in deiner Mappe zu ergänzen. Leider gibt es aber auch Fächer, in denen du kein Schulbuch hast, weil entweder keines ausgegeben wurde oder das Buch in der Schule, z. B. in einem Fachraum (Biologie/Chemie) bleiben muss und nicht mit nach Hause genommen werden kann. In solchen Fächern, in denen du kein Schulbuch zur Hand nehmen kannst, ist eine ordentliche und vollständige Mappe umso wichtiger!

6 Kontrolliere jetzt, ob deine Mappe, z. B. für das Fach Biologie, vollständig und ordentlich geführt ist. Gehe dazu die folgende Checkliste durch und kreuze an:

Checkpunkte	vorhanden/leserlich geschrieben	nicht vorhanden/ unleserlich
Datum auf jedem Blatt?		
Überschriften gut lesbar?		
Überschriften unterstrichen?		
Zettel der Reihe nach eingeheftet?		
AB und Lösung zusammengeheftet?		
Alle Aufgaben erledigt?		
Schrift gut lesbar?		
Zeichnungen/Skizzen übersichtlich?		
Farbstifte zur Visualisierung benutzt?		
Tafelbilder + Merksätze vollständig?		
Inhaltsverzeichnis vollständig?		

So, wie ein Auto regelmäßig zum TÜV muss, um die Fahrtüchtigkeit und Sicherheit festzustellen, solltest auch du regelmäßig deine Mappe kontrollieren. So merkst du, ob sie in einem sauberen und vollständigen Zustand ist.
Das Auto muss gegebenenfalls zur Reparatur, bevor der TÜV verlängert wird, deine Mappe muss gegebenenfalls überarbeitet werden, damit du weiterhin erfolgreich damit arbeiten und lernen kannst.

7 Bringe jetzt deine Biologie-Mappe in einen tadellosen Zustand – die Checkliste zeigt dir, was du bearbeiten und verbessern musst.

8 **Erstelle dir einen Plan für die Überarbeitung aller Mappen: Nimm dir für diese Aufgabe zwei Wochen Zeit.**

Tag	Datum	Mappe für das Fach	Erledigt? Bitte abhaken!
Montag			
Dienstag			
Mittwoch			
Donnerstag			
Freitag			
Samstag			
Sonntag			
Montag			
Dienstag			
Mittwoch			
Donnerstag			
Freitag			
Samstag			
Sonntag			

Zur Überarbeitung und Vervollständigung deiner Mappen kannst du auch solche Tage nutzen, an denen du weniger Hausaufgaben zu erledigen hast, weil z. B. in Kunst oder Sport keine Aufgaben anstehen. Plane für jeden Tag dieses Schuljahres etwa zwei Stunden pro Tag ein, in denen du für die Schule arbeitest. Ist der Anteil der Hausaufgaben geringer, solltest du die Zeit unbedingt für Hefte, Mappen und zum Wiederholen und Üben (dazu später mehr!) nutzen.

Tipp

Achte bitte darauf, dass du deinen Zeitplan einhältst: Nimm dir aber auch nicht zu viel für einen Tag vor. Deine Mappen sollen **gründlich** überarbeitet werden. Eventuell musst du einzelne Aufgaben nacharbeiten oder Seiten neu abschreiben, weil sie unsauber geschrieben sind.

9 Fülle im folgenden Text die Lücken aus.

Voraussetzungen – Lernstoff aneignen – tadellosen Zustand – so leicht wie möglich – sauber beschrieben – Überschriften – sortiert – farbig unterstrichen – nummeriert – Inhaltsverzeichnis

Ich merke mir:

Wenn ich mir ______ ______ möchte, ist es sehr wichtig, dass ich mir ______ schaffe, die mir das Lernen und Behalten ______ ______ ______ ______ machen. Dazu muss meine Mappe/mein Heft in einem ______ ______ sein, das heißt, ich habe

- ▷ die Seiten ______ ______,
- ▷ die Seiten ______,
- ▷ alle Seiten mit ______ versehen,
- ▷ Überschriften und Wichtiges ______ ______,
- ▷ ein übersichtliches ______ angelegt,
- ▷ Arbeitsblätter und die Ergebnisse dazu ______ eingeheftet.

So kann ich meine Mappe bzw. mein Heft jederzeit auch als Nachschlagewerk benutzen, wenn ich etwas Vergessenes noch einmal nachlesen möchte.

2.4 Wann geht es los? – Zeitplanung

Wenn du deine Mappen und Hefte in einen tadellosen Zustand gebracht hast, sind die Voraussetzungen für eine effektive Vorbereitung auf die Abschlussprüfung und den gesamten Schulabschluss gut!
Aber wann fängst du mit dem Wiederholen aller Themen an? Reicht es, sich zwei Wochen vor der Prüfung mit dem Stoff zu beschäftigen?

1 In der Tabelle findest du einige Aussagen zur Vorbereitung auf die Prüfung.
Kreuze die richtigen an und verbessere die falschen.

Aussage	richtig	falsch	Verbesserung
Die Prüfung wird mir „leicht von der Hand" gehen. Auch auf Klassenarbeiten habe ich mich kaum vorbereitet, warum sollte ich es jetzt tun?			
Vorbereitung? – Ja, die muss schon sein, aber wenn ich mir alles noch einmal durchlese, muss das reichen.			
Mein Vater sagt immer: „Lernen kann man nie genug." Deshalb habe ich auch schon das Badmintontraining für die nächsten Monate abgesagt.			
Ich denke, dass ich mich das ganze Schuljahr auf die Prüfung vorbereite. Ich werde immer wieder Themen wiederholen und Übungen machen. Regelmäßiges Lernen in kleinen Portionen bringt mehr als „Power learning" zwei Wochen vor der Prüfung.			
Ich nehme mir vor, bis zum Abschluss meine Hausaufgaben regelmäßig und sorgfältig zu machen. Wenn ein Teil meiner Hausaufgaben nicht richtig ist, überarbeite ich ihn nach der Besprechung in der Schule noch einmal ganz gründlich. Auch das ist schon eine Vorbereitung auf die Prüfung.			

Aussage	richtig	falsch	Verbesserung
In den Ferien, an Wochenenden und an freien Tagen nutze ich die Zeit, um auch für die Schule und meinen Abschluss zu arbeiten, denn an solchen Tagen bin ich aufnahmefähig und kann die Zeit effektiv nutzen.			
Die letzten Ferien vor der Prüfung sind die Osterferien. Diese Zeit nutze ich, um „die Seele noch einmal baumeln" zu lassen, schließlich habe ich Ferien, da kann man auch mal richtige Partys feiern.			

Schon an diesen wenigen Beispielen hast du erkannt, worauf es bei einer guten Vorbereitung ankommt:

Tipp

regelmäßiges Lernen
+
Lernen in kleinen Portionen
+
Freiräume effektiv nutzen

Sicherlich hast du auch schon oft festgestellt, dass du dir für einen Tag viel vorgenommen hast, leider dann aber doch nur Weniges davon erledigen konntest, weil dir irgendetwas dazwischengekommen ist.

2 **Denke einmal darüber nach und beschreibe einen Tag, an dem dir die Zeit weggelaufen ist.**
Du hast deutlich weniger geschafft, als du dir vorgenommen hast (es muss dabei nicht unbedingt um die Erledigung schulischer Aufgaben gehen!)
Schreibe in dein Heft.

Oft passiert es, dass man an solchen Tagen abends unzufrieden ist, weil der Tag ganz anders verlaufen ist, als man es sich vorgestellt hat.

3 **Versuche jetzt bitte einmal, deinen Zeitdieben auf die Spur zu kommen und kreuze für die folgenden Aussagen an, ob sie auf dich zutreffen:**

Zeitdiebe	trifft oft zu	trifft manchmal zu	trifft nie zu
Ich lasse mich leicht durch den Fernseher ablenken.			
Bis ich mit den Aufgaben endlich beginne, trödele ich oft lange herum.			
Ich unterbreche meine Arbeit gerne, um mit Freunden zu telefonieren.			
Ich unterbreche meine Arbeit oft, um mich mit Freunden zu treffen.			
Bei den Hausaufgaben und beim Lernen höre ich oft Musik.			
Wenn ich mich am Computer beschäftige, nutze ich viel Zeit zum Spielen.			
In meinem Chaos brauche ich manchmal lange, bis ich alles gefunden habe, was ich zum Arbeiten brauche (z. B. Zirkel, Geodreieck ...)			
Weil ich mir nicht immer alles sorgfältig aufschreibe, muss ich manchmal erst telefonieren, bis ich genau weiß, was ich machen muss.			

Wenn du dich bei den Hausaufgaben und beim Lernen leicht ablenken lässt oder lange brauchst, bis du alles organisiert hast, um überhaupt erst einmal anfangen zu können, kannst du die Dinge, die du dir vorgenommen hast, natürlich nicht schaffen.
Versuche in Zukunft alles zu vermeiden, was dich von der konzentrierten Arbeit abhält!

4 **Formuliere jetzt jede Aussage bezüglich der Zeitdiebe in eine Regel um.**
Schreibe in dein Heft.

Ich merke mir:

Ich schalte erst den Fernseher ein, wenn ich mit allen Aufgaben fertig bin!

...

5 Schaue dir das folgende Diagramm an.

Die Kurve zeigt dir, zu welcher Tageszeit der Mensch besonders leistungsfähig ist, sich gut konzentrieren kann und zu welchen Zeiten eine Pause sinnvoll ist.

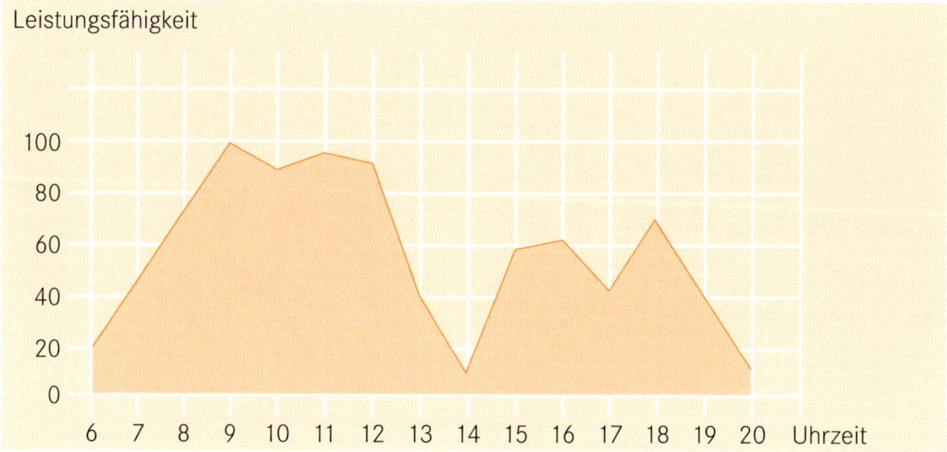

6 Beantworte die folgenden Fragen zu der Kurve.

1. Wann solltest du deine Hausaufgaben machen, weil du dich gut konzentrieren kannst und besonders leistungsfähig bist?

2. Wann solltest du deine Aufgaben auf gar keinen Fall machen?

3. Warum solltest du mit deinen Hausaufgaben nach 15 Uhr beginnen?

7 Fasse noch einmal zusammen, was du bei den Hausaufgaben beachten sollst.

Nicht nur für einen Tag muss man alle Aufgaben planen, damit einem die Zeitdiebe nicht „in die Quere“ kommen, sondern auch für eine Woche sollte man sich einen verbindlichen Plan machen, wann man welche Aufgaben in Angriff nimmt.

Timos Woche ist durch seine Freizeitaktivitäten eigentlich schon ziemlich gut ausgefüllt. Trotzdem muss er Zeit finden, seine regelmäßigen Hausaufgaben zu machen und zu lernen.
Zu Beginn dieses Kapitels hast du gelernt, dass es gut ist, wenn man das Lernen für den Schulabschluss auf das ganze Schuljahr verteilt. Also muss Timo auch regelmäßig Zeit finden, Unterrichtsstoff zu wiederholen.

8 Erstelle aus den folgenden Angaben einen Wochenplan für Timo, der ihm zeigt, wann er was zu tun hat und wann die Aufgabe erledigt sein muss.
Beachte dabei auch seine Leistungsfähigkeit am Nachmittag, also wann es für ihn günstig ist zu lernen.

Montag 18 - 19.30 Uhr: Fußballtraining

Montag 16 Uhr: Zahnarzt

Mittwoch: Deutscharbeit

Für Freitag: Referat für Geschichte vorbereiten

Freitag 16 Uhr: Schwester vom Kinderturnen abholen

Freitag: Vokabeltest

Dienstag: 15 - 16.30 Uhr: Gitarrenunterricht

Mittwoch: 17 Uhr Treffen mit Jana

Trage alle Angaben in das folgende Raster ein und bedenke, dass er für seine Hausaufgaben täglich etwa 90 bis 120 Minuten braucht, zum Lernen zusätzlich etwa 20 bis 30 Minuten.

Uhrzeit	Montag	Dienstag	Mittwoch	Donnerstag	Freitag
vormittags	Schule	Schule	Schule	Schule	Schule
13.30 Uhr					
14.00 Uhr					
14.30 Uhr					
15.00 Uhr					
15.30 Uhr					
16.00 Uhr					
16.30 Uhr					
17.00 Uhr					
17.30 Uhr					
18.00 Uhr					
18.30 Uhr					
19.00 Uhr					
19.30 Uhr					
20.00 Uhr					
20.30 Uhr					

Du hast jetzt alle Termine eingetragen und siehst, dass die Woche schon recht gut ausgefüllt ist. Eine große Hilfe für die persönliche Planung und die gesamte Strukturierung der Woche ist, dass man schulische Termine bzw. Aufgaben und Verpflichtungen, private Termine und Freizeit bzw. Freiräume farblich kennzeichnet.
Eine solche Visualisierung mit einem Farbcode ist für die Planung der gesamten Woche mit einem ausgewogenen Verhältnis von Arbeit und Freizeit sehr hilfreich.

9 **Markiere jetzt in dem eben erstellten Wochenplan von Timo alle**

- ▷ schulischen Verpflichtungen - rot
- ▷ privaten Termine - blau
- ▷ Freiräume - grün

10 **Beantworte, ob es deiner Meinung nach Zeiten bzw. Termine gibt, die er optimieren könnte.**

Könnte er evtl. Termine verlegen, um ein ausgewogeneres Verhältnis von Arbeit und Freizeit zu haben?

Einen solchen Zeitplan zu erstellen, mag dir auf den ersten Blick sehr umständlich, zeitaufwändig und vielleicht auch überflüssig erscheinen.
Wenn er aber hilft, die meistens doch recht begrenzte Zeit nicht zu vertrödeln, sondern effektiv zu nutzen, ist er sehr, sehr hilfreich.
Probiere es aus!

11 **Erstelle dir nach dem Muster auf Seite 44 einen eigenen Wochenplan.**

Trage deine Termine und Aufgaben der folgenden Woche ein. Denke auch an die farbige Visualisierung. Schreibe in dein Heft.

Tipp

Besonders bei der Planung deiner schulischen Aufgaben solltest du immer bedenken, dass einem kurzfristig auch mal etwas dazwischenkommen kann.
Wenn du z. B. ein Referat am Donnerstag halten sollst und am Mittwochabend dein Drucker nicht funktioniert, hast du wahrscheinlich keine Chance, dein Referat planmäßig zu halten.
Setze also immer **Zeitpuffer** ein und plane nicht so, dass du erst in letzter Sekunde mit einer Aufgabe fertig wirst.

So, wie man einen Tagesplan oder einen Wochenplan erstellen kann, um die Zeit effektiv zu nutzen, kann man sich, wenn man ein großes Ziel vor Augen hat, auch einen Monatsplan oder sogar einen Jahresplan erstellen.
Auch Sportler, die ein großes Ereignis, wie z. B. die Olympischen Spiele oder die Fußballweltmeisterschaft, vor sich haben, müssen sich über viele Monate auf dieses Event vorbereiten. Sie müssen früh genug anfangen zu trainieren, um dann punktgenau fit und leistungsstark zu sein.

Wie du einen Jahresplan als Vorbereitung für die Abschlussprüfung erstellst, hast du schon im Kapitel 1.5 auf S. 28 ff. geübt.
Hänge den Terminplan in deinem Zimmer z. B. über deinem Arbeitsplatz auf. Im Laufe des Schuljahres trägst du alle Termine, z. B. Klassenarbeiten und Tests, Referate, aber auch deine privaten Termine ein. Dann kannst du auf einen Blick erkennen, wann sie sich „knubbeln". Zu diesen „Knubbelzeiten" solltest du dir dann einen zusätzlichen Wochenplan erstellen. Auf dieser Grundlage kannst du deine Zeit effektiv nutzen.

2.5 Arbeitsplatz

Für eine gute Prüfungsvorbereitung brauchst du einen festen Arbeitsplatz, an dem du gerne sitzt und der nur für das Lernen reserviert ist.

Merke

Gearbeitet wird am Schreibtisch – am Schreibtisch wird nur gearbeitet!

Damit du dort effektiv arbeiten kannst, sollte dieser Platz bestimmte Anforderungen erfüllen.

1 **Kennzeichne in der folgenden tabellarischen Checkliste, ob dein Arbeitsplatz den genannten Kriterien entspricht.**
Falls einige Aspekte noch nicht gegeben sind, dann überlege dir, bis wann du sie verändert haben wirst. Notiere ein Datum und gegebenenfalls auch, wessen Hilfe du dafür brauchst.

Checkliste für den Arbeitsplatz

Ich habe ...	ja	nein	Datum
einen hellen und angenehm temperierten Raum.			
genügend Ruhe, um ohne Störungen zu lernen.			
einen eigenen stabilen Tisch oder Schreibtisch, an dem ich arbeiten und auch mal etwas liegen lassen kann.			
einen verstellbaren Schreibtischstuhl.			
genügend Ablage- oder Regalflächen für die Bücher und Hefte der einzelnen Unterrichtsfächer.			
alle Hilfsmittel (Rechtschreib-Duden, Formelsammlung, Wörterbücher ...) in Griffnähe.			

Ich habe ...	ja	nein	Datum
alle Arbeitswerkzeuge (Papier, Büroklammern, Locher, Stifte, Anspitzer, Radiergummi, Lineal ...) am Platz.			
einen Papierkorb.			

Die folgende Abbildung zeigt dir einen Vorschlag für eine sinnvolle Aufteilung der Arbeitsfläche auf deinem Schreibtisch:

Achtung!
Folgendes sollte an deinem Arbeitsplatz tabu sein, da es dich zu sehr vom Lernen ablenken kann:

- ▷ Getränke und Essen auf der Arbeitsfläche
- ▷ Spiele und Spielzeug (auch Computerspiele)
- ▷ Musik oder Fernsehen im Hintergrund
- ▷ Telefon oder Handy

Und: Räume deinen Arbeitsplatz täglich nach der Arbeit auf. Die Ordnung in deiner Umgebung wird dir helfen, auch deine Gedanken zu ordnen.

2 Fasse nun alles, was du hier zum Thema Arbeitsplatz gelesen hast, in maximal fünf aussagekräftigen Regeln zusammen.

Ich merke mir:

1.

2.

3.

4.

5.

Wir betrachten dich nun wieder einmal als den Manager des Projektes „Prüfungsvorbereitung“. Im ersten Kapitel dieses Buches hast du dich mit der Ausgangslage befasst, nämlich mit den organisatorischen Rahmenbedingungen für deine Prüfung und auch mit deinen eigenen Einstellungen, Stärken und Schwächen.
Außerdem hast du über die Projektplanung nachgedacht, dir ein Ziel gesteckt, und Meilensteine auf dem Weg dorthin formuliert.

Im zweiten Kapitel dieses Buches hast du dann alles über die nötigen Voraussetzungen und Vorbereitungen erfahren, nämlich über Hausaufgaben, Mappenführung und einen sinnvollen Arbeitsplatz. Außerdem hast du dir hoffentlich einen Überblick über die anstehenden Aufgaben verschafft und dir einen Zeitplan für deine Prüfungsvorbereitung „in kleinen Portionen“ gemacht.

In diesem Kapitel geht es nun um die eigentliche Arbeit - das Lernen für die Prüfung! Wenn du festgestellt hast, dass du schon viele Anforderungen erfüllst und zahlreiche Themen beherrschst - wunderbar! Dann kannst du dich jetzt all den Inhalten und Aufgaben zuwenden, die du noch wiederholen und üben musst.
In diesem Kapitel findest du zahlreiche Tipps, die dir dabei helfen können. Einige davon kennst du vielleicht schon aus der Schule oder aus eigener Erfahrung. Da jeder Mensch auf unterschiedlichen Wegen lernt, haben wir viele verschiedene Möglichkeiten zum effektiven Lernen zusammengetragen.
Daher empfehlen wir dir, diese Tipps und Techniken unbedingt auszuprobieren, z. B. gleich bei der Vorbereitung der nächsten Klassenarbeit. Nur so kannst du beurteilen, ob sie für dich persönlich nützlich sind.

3.1 Techniken für das Brainstorming

Mindmap

Sicherlich hast du auch im Unterricht oder bei den Hausaufgaben schon häufiger eine Mindmap erstellt.
Möchtest du deine Gedanken zu einem Thema, egal ob frei überlegt (als Brainstorming) oder auf der Grundlage eines Textes, eines Diagramms oder „gemischter“ Materialien, strukturiert zu Papier bringen, bietet es sich an, eine Mindmap (übersetzt: Gedankenkarte) anzulegen. Wichtig ist, dass du beim Erstellen einer Mindmap bestimmte Regeln beachtest, damit du diese Aufzeichnung auch wirklich als sinnvolle Grundlage zum Lernen benutzen kannst.
Nachfolgend siehst du eine Mindmap, die dir die Regeln zum Erstellen (= Mindmapping) erklärt.

1 **Sieh dir die Mindmap genau an.**

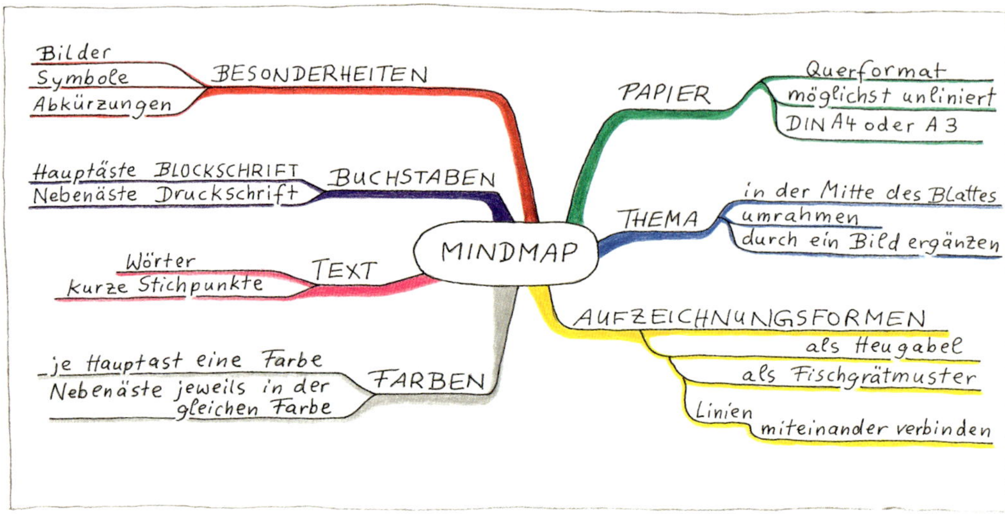

2 **Vervollständige den Lückentext mithilfe der Begriffe.**
Du erhältst eine ausführliche Anleitung zum Mindmapping.

Wörter – Abkürzungen – Stichpunkte – Papier – Blockschrift – umrandet – farbige Stifte – Quer – Mitte – DIN A3 – Symbole – Bilder – DIN A4 – Heugabel – Hauptäste – gleichen Farbe – Thema – Fischgrätmusters – Druckschrift

1. Als Materialien zum Erstellen einer Mindmap braucht man ________ und ________ .
2. Das Blatt Papier kann die Größe ________ oder ________ haben (je größer, desto besser).
3. Das Papier nimmt man im ________-Format und schreibt in die ________ des Blattes zunächst das ________ der Mindmap in Blockschrift.
4. Das Thema ________ man und ausgehend von der Mitte erstellt man die ________, die jeweils Oberbegriffe zum Hauptthema darstellen.
5. Die Begriffe der Hauptäste werden in ________ geschrieben.
6. Zu den Hauptästen werden weitere Nebenäste gebildet. Dies kann in Form einer

______, eines ______ oder einfach durch verbundene Linien dargestellt werden.

7. Die Schriftart auf den Nebenästen sollte ______ sein.
8. Auf allen Ästen sollten nur einzelne ______ oder kurze ______ stehen. Keine langen Sätze schreiben!
9. Farben sind ein Teil der Visualisierung, jeder Hauptast sollte daher mit den dazugehörigen Nebenästen in der ______ dargestellt werden.
10. Des Weiteren wird die Mindmap noch anschaulicher und einprägsamer, wenn sie mit Besonderheiten wie ______, ______ oder ______ geschmückt wird.

Network/Cluster

Die Mindmap ist eine sehr strukturierte Form der Ideensammlung, bei der du zu einem Hauptthema sich immer weiter verzweigende Gedanken zusammenhängend darstellen kannst.
Bist du bei einer ersten Ideensammlung noch nicht in der Lage, konkrete Zusammenhänge zu erkennen, bietet sich ein Network (ein anderer Begriff dafür ist Cluster) an.
Bei einem Network beginnst du ebenfalls mit dem zentralen Begriff (dem Thema) in der Mitte des Blattes. Ausgehend von diesem Begriff notierst du jetzt alle Gedanken völlig unsortiert um diese Mitte herum. Kannst du in Einzelfällen schon Verbindungen einzelner Gedanken bzw. Stichpunkte erkennen, so kannst du diese durch Linien miteinander verbinden.

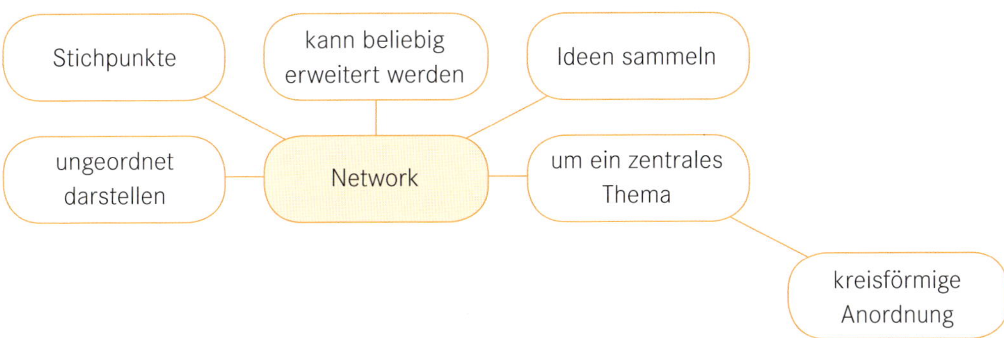

Nachdem du alle deine Gedanken zu Papier gebracht hast, kannst du nun versuchen, eine Struktur hineinzubringen, indem du alle zusammengehörigen Aspekte in der gleichen Farbe kennzeichnest. So kannst du mit verschiedenen Farben unterschiedliche Bereiche (bzw. Themenfelder) zusammenstellen, die du dann (z. B. in einer Mindmap) weiter differenzieren kannst.

3.2 Informationsbeschaffung

Nachschlagen

Im Verlauf deiner Prüfungsvorbereitung wird es immer wieder Situationen geben, in denen du nach Informationen suchen – also in anderen Büchern nachschlagen – musst:

1. Du suchst nach (zusätzlichen) Informationen zu deinem Prüfungsthema, um dein Wissen zu erweitern. Das Internet bietet zwar eine Menge Informationen, aber zum einen musst du zuverlässige Adressen kennen und zum anderen musst du die Fülle der Texte bewältigen und sogar noch viel Überflüssiges aussortieren können. Daher empfehlen wir dir:

> **Tipp**
>
> Nutze zunächst die Schulbücher und die vorhandenen Nachschlagewerke!

2. Beim Lesen von Texten triffst du auf Fachbegriffe und Fremdwörter, die du nicht auf Anhieb verstehst oder übersetzen kannst. Geh nicht einfach über sie hinweg, denn sie sind wichtig für das Verständnis des inhaltlichen Zusammenhangs und außerdem besteht sogar die Möglichkeit, dass du sie im Rahmen deiner Prüfung erklären sollst. Also:

> **Tipp**
>
> Schlage unbekannte Wörter und Fremdwörter sofort nach!

Egal, in welcher dieser beiden Situationen du gerade steckst:
Zum Nachschlagen stehen dir grundsätzlich verschiedene Informationsquellen und Nachschlagewerke zur Verfügung, über die dir die folgende Abbildung einen Überblick gibt.

Nachschlagewerke			
sachbezogene Informationen		sprachbezogene Informationen	
allgemeine Lexika stellen den Wissensstoff aller Sachbereiche dar	**Fachlexika** stellen den Wissensstoff eines Fachgebietes (Chemie, Musik ...) dar	**allgemeine Wörterbücher** dokumentieren den Wortschatz unter verschiedenen Aspekten	**Spezial-Wörterbücher** dokumentieren den Wortschatz unter ausgewählten Teilaspekten (Rechtschreibung, Fremdwörter ...)

1 **Bearbeite die folgende Tabelle.**
Ordne die verschiedenen Nachschlagewerke richtig zu, indem du in der entsprechenden Spalte ein Kreuz machst:
Erkunde, welche Nachschlagewerke ihr zu Hause schon besitzt und ob du diese für deine Prüfungsvorbereitung gebrauchen kannst. Trage sie dann auch in die Tabelle ein und ordne sie zu.

Nachschlage-werk	allgemeines Lexikon	Fachlexikon	allgemeines Wörterbuch	Spezial-wörterbuch
Fremdwörter-lexikon				
(Taschen)lexikon in ... Bänden				
Geschichte der deutschen Literatur				
Formelsammlung Mathematik				
Rechtschreib-Duden				
Schülerlexikon				
Fremdsprachen-Wörterbuch (z. B. English-Dictionary)				
Herkunftswörter-buch				
Erdkunde-Atlas				

2 Wende dich deiner eigenen konkreten Prüfungsvorbereitung zu.

1. Wenn du schon weißt, in welchen Fächern und über welche Themen du geprüft wirst, dann erstelle dir nun eine Liste der wichtigsten Prüfungsinhalte.
2. Ergänze jeweils, in welchem Schulbuch oder Nachschlagewerk du schon Informationen zu dem Thema hast und welche weiteren Informationsquellen du eventuell noch benötigst. Eine übersichtliche Tabelle hierfür könnte z. B. so aussehen:

Fach	Thema	vorhandene Informationsquellen	fehlt noch
English	Australia	Dictionary	
		Schulbuch aus Klasse ...	
		Erdkunde-Atlas	
		Geschichte: Lehrbuch Klasse ...	Geschichtslexikon
			typische Tiere: Tierlexikon
Mathe	Zinsrechnung	Schulbuch aus Klasse ...	
		Allgemeines Lexikon	
		Mathematiklexikon	

Falls du bestimmte Nachschlagewerke nicht selbst besitzt, dann leihe sie dir für die Zeit der Prüfungsvorbereitung in einer Bücherei aus, z. B. der Schülerbücherei deiner Schule oder der Stadtbücherei.
Selbstverständlich steht dir zum Nachschlagen bzw. Recherchieren auch das Internet zur Verfügung (siehe S. 56 ff.). – Schneller und übersichtlicher ist jedoch zunächst der Blick in ein gedrucktes Nachschlagewerk.

Tipp

Auch deine Schulbücher kannst du als Nachschlagewerke benutzen, wie z. B. den Erdkunde-Atlas. Selbst in deinem Mathematik- oder Biologie-Schulbuch findest du immer alle wichtigen Fachbegriffe erklärt – man muss nur wissen, wo sie stehen!

Wie findest du dich also in den Schulbüchern und Nachschlagewerken zurecht, sodass du die nötige Information schnell finden kannst?

Tipp

Jedes Schulbuch oder Nachschlagewerk verfügt normalerweise über ein ...
Inhaltsverzeichnis: Es gibt dir am Anfang des Buches einen Überblick über den Inhalt des Buches – meist in Kapiteln nach Themen geordnet – und die Angabe der Seitenzahl, wo das entsprechende Kapitel beginnt.
Sachregister: Am Ende des Buches zeigt es dir eine detaillierte alphabetische Zusammenstellung von Sachbegriffen. Die Seitenzahl verweist darauf, wo du Informationen zu genau diesem Begriff findest.

Bei der Orientierung im Nachschlagewerk helfen dir ...
Leitwörter: Sie erscheinen auf jeder Doppelseite links oben und rechts oben und geben die Buchstabengruppe an, mit der die linke Seite beginnt und die rechte endet.
Querverweise: Sie weisen darauf hin, dass man zu dem gesuchten Stichwort an anderer Stelle noch weitere Informationen nachlesen kann oder aber unter einem anderen Stichwort nachschlagen muss.

In vielen Nachschlagewerken findest du (manchmal in einem speziellen Anhang) außerdem ein ...
Fachwörterverzeichnis oder Glossar: Hier sind wichtige Begriffe des Themengebietes alphabetisch geordnet und sogar kurz und knapp erklärt.
Personenregister: Es zeigt dir die alphabetische Zusammenstellung von Personennamen.
Abkürzungsverzeichnis: Es gibt einen alphabetischen Überblick über die verwendeten Abkürzungen und deren Bedeutung.
Literaturverzeichnis: Es ist eine Liste weiterer Bücher, die zur Erstellung des Nachschlagewerkes benutzt wurden.

3 Sichte nun Schulbücher und Nachschlagewerke.
Schau nach, ob du die oben genannten Verzeichnisse dort findest.

Doch nun wieder zu deiner konkreten Prüfungsvorbereitung:

4 Für deine Mathematik-Prüfung musst du z. B. den „Satz des Pythagoras“ kennen.

1. Schreibe in deinem Heft auf, welche Bücher, Nachschlagewerke und Aufgabenbeispiele dir dafür bereits zur Verfügung stehen, suche in den entsprechenden Verzeichnissen und notiere die jeweiligen Seitenzahlen. Denke z. B. an dein Mathe-Buch, eine Formelsammlung, an Übungshefte und Aufgabensammlungen für die Prüfung ...
2. Überlege auch, welche Informationen eventuell noch fehlen oder dich zusätzlich interessieren (Wann hat Pythagoras gelebt? Welchen Beruf hatte er?) und wo du diese finden könntest (Geschichts-Buch, Konversations-Lexikon ...).

Internet-Recherche

Zusätzliche Informationen zu einem Thema kannst du natürlich im Internet suchen.
Aber bedenke:
Das Internet ist wie eine große Bibliothek. Jedoch sind die Bücher dort nicht in Regale eingeordnet. Stattdessen liegen sie alle durcheinander auf dem Fußboden herum. Es geht also darum, die richtigen Informationen zu finden.
Wir gehen davon aus, dass du dich schon bestens im Internet auskennst. Allerdings erleben wir auch immer wieder, dass unsere Schüler sich seitenweise Informationen aus dem Internet ausdrucken, dann aber keine Lust und Ausdauer haben, diese auch wirklich gründlich zu sichten und zu bearbeiten - es ist einfach zu viel.
Oder aber man kommt von einer brauchbaren Seite über interessante Links zu ganz anderen Angeboten - und „schwuppdiwupp" ist man von seinem eigentlichen Thema abgekommen.
Es geht also auch darum,
- ganz gezielt im Internet zu suchen (Wo finde ich Brauchbares?) und
- die Qualität der Information beurteilen zu können (Welche Seite ist nützlich für mich?).

Beim Suchen von Informationen gibst du sicherlich erst ein Stichwort bei einer Suchmaschine wie „google" ein und erhältst dann viele Tausend Treffer, die du nicht wirklich alle sichten kannst. Also musst du deine Suche immer weiter eingrenzen und spezifizieren. Probiere das einmal aus.

5 Suche nach Beispielaufgaben für die Abschlussprüfung in Mathematik.
Mögliche Suchbegriffe:
- Abschlussprüfung
- Abschlussprüfung Realschule Klasse 10
- Abschlussprüfung Realschule Klasse 10 Beispielaufgaben
- Abschlussprüfung Realschule Klasse 10 Beispielaufgaben Mathematik

6 Teste auch einmal andere Suchbegriffe, die mit deiner Anfrage in Verbindung stehen.
Mögliche Suchbegriffe:
- Beispielaufgaben
- Aufgabenbeispiele
- Prüfungsvorbereitung ...

In der Schnittmenge der Treffer findest du
- „offizielle Seiten", z. B. vom Bildungsministerium deines Bundeslandes,
- Seiten von Schulbuchverlagen
- und vieles andere mehr.

Achte darauf, die Inhalte sorgfältig zu prüfen.

7 Wo würdest du jetzt weiterlesen? Notiere Stichpunkte.

Vielleicht hast du inzwischen Spaß daran gefunden, viele Informationen zu einem Prüfungsthema zu sammeln.
Das bloße Finden und Lesen führt aber noch nicht dazu, dass du dir die Informationen auch merken oder gar mit eigenen Worten in einer Prüfungssituation wiedergeben kannst. Du musst den Text genauer „unter die Lupe" nehmen.
Dazu gehört, dass du die Informationen

- ▷ zusammenfasst (z. B. auf Karteikarten),
- ▷ veranschaulichst (z. B. als Mindmap) und
- ▷ effektiv lernst.

Dabei helfen dir bestimmte Lesetechniken, Tipps zum Markieren und Strukturieren von Texten, sowie Techniken zur Zusammenfassung und Veranschaulichung der Inhalte.

3.3 Informationen bearbeiten, zusammenfassen und visualisieren

Lesetechniken

1 Im Folgenden findest du Begriffe, die für das Erschließen eines Textes wichtig sind. Schau sie dir genau an und versuche, sie anschließend in eine sinnvolle Reihenfolge zu bringen, die dir hilft, den Inhalt eines Textes zu verstehen:

lesen – überfliegen – markieren – weiterführende Fragen stellen – zusammenfassen

1.
2.
3.
4.
5.

Entscheidend ist, dass du bereits beim Überfliegen des Textes die wichtigsten Begriffe des Textes erkennst, die sogenannten Schlüsselbegriffe, die dir ganz entscheidend dabei helfen, so wie ein Schlüssel eine Tür öffnet, die „Tür" zum Verständnis von Texten zu öffnen.

Bei der Erschließung eines Textes gehst du also wie folgt vor:

- **Überfliege** zunächst den Text und markiere alle Schlüsselbegriffe.
- Schaue dann, ob du die Schlüsselbegriffe zu Gruppen zusammenfassen oder sie mit **Oberbegriffen** versehen kannst.
  Lies anschließend den Text ein zweites Mal (vielleicht sogar ein drittes Mal) gründlich durch. Teile dabei den Text – wenn möglich – in **Sinnabschnitte** ein und markiere mit einem weiteren Farbstift **zusätzliche Informationen,** die die Schlüsselbegriffe näher erläutern.
- Mithilfe der Markierungen wird es dir nicht schwer fallen, den Text **zusammenzufassen.** Diese Zusammenfassung muss kein zusammenhängender Text (wie eine Inhaltsangabe) sein, man kann einen Text z. B. auch in Form einer Mindmap zusammenfassen.
- Wenn du dich mit einem Thema intensiv beschäftigst, werden dir **Fragen** kommen, die über den Inhalt des Textes hinausgehen. Auch solche Fragen zeigen dir, ob du die Aussagen des Textes richtig verstanden hast. Du kannst natürlich versuchen, diese Fragen mithilfe von Fachbüchern oder dem Internet zu beantworten, damit bist optimal auf den Unterricht, die nächste Klassenarbeit (Test) und die Abschlussprüfung vorbereitet, denn solche Fragen stellt sicherlich auch dein Lehrer.

Du weißt jetzt, worauf es bei der Texterschließung ankommt.

2 Beschäftige dich nun einmal intensiv mit dem Sachtext zur Biografie (= Lebensgeschichte) Goethes.
Lies den Text, markiere und strukturiere ihn. Du kannst die Schreibzeilen neben dem Text für deine Einteilung in Sinnabschnitte und eventuelle Notizen benutzen.

Johann Wolfgang von Goethe

J. W. v. Goethe – einer der bekanntesten deutschen Dichter – wurde im Jahr 1749 in Frankfurt am Main geboren. Dort verlebte er seine Kindheit und Jugend. Nach seinem erfolgreichen Schulabschluss studierte er Rechtswissenschaften (das nennt man heute Jura). Im Jahr 1770, also mit 21 Jahren, beendete er sein Studium in Frankfurt und setzte es in Straßburg fort. Dort verliebte er sich in Friederike Brion, die Tochter eines Pfarrers. Sein Leben sollte sich aber nicht nur in Straßburg abspielen. Nach seinem Examen im darauffolgenden Jahr (1771) und als Rechtsanwalt verab-

schiedete er sich von Friederike Brion, da er weiter in die Welt ziehen wollte. Zum Abschied schrieb er ein Gedicht (Titel: „Willkommen und Abschied“), in dem er seine Trauer um diesen Abschied ausdrückte. Ein zweites Mal verliebte sich Goethe in dem darauffolgenden Jahr (1772) in Wetzlar, wo er als Rechtswissenschaftler ein Praktikum machte. Seine Angebetete war aber bereits anderweitig vergeben und so verließ er Wetzlar bereits vier Monate später, um dieser Frau aus dem Weg zu gehen. Wirklich berühmt wurde Goethe kurze Zeit später mit seinem Briefroman „Die Leiden des jungen Werthers“, in dem er die Situation eines jungen Mannes beschreibt, der nach fehlender Anerkennung in seinem beruflichen Leben und hinzukommendem Liebeskummer Selbstmord begeht. Dieses Stück wurde in der deutschen Literatur zu einem Bestseller, der Goethe weltweit viel Anerkennung brachte. Neben seinen Neigungen zur Literatur blieb er aber auch seinen beruflichen Interessen treu und so eröffnete er eine Rechtsanwaltskanzlei in seinem Geburtsort Frankfurt. Weiterhin arbeitete er als Schriftsteller und verarbeitete inhaltlich vorwiegend die Probleme der damaligen Zeit, nämlich den Protest gegen die Ungerechtigkeit der Adeligen gegen ihre Untertanen. Diese Zeit, die voller stürmischer Auflehnungen war, nannte man „Sturm und Drang". Goethe blieb nur einige Jahre in Frankfurt, bald ging er nach Weimar, wo er für den dortigen Herzog tätig war. Eine besondere Anziehungskraft übte damals das Land Italien auf ihn aus und so machte er sich, weil er finanziell gut gestellt war, im September 1786 auf den Weg, dieses Land zu bereisen. Da er seine Reise mit der Postkutsche antreten musste, dauerte die Fahrt bis Rom 56 Tage. Die Schönheit und das Klima Italiens haben Goethe so fasziniert, dass sich diese Eindrücke in vielen seiner späteren Gedichte, Schauspielstücke und Romane wiederfanden. Er zeigte in seiner Literatur nun immer mehr den Idealzustand von Mensch, Natur und Gesellschaft auf, so wie er es in Italien glaubte erfahren zu haben, und prägte somit entscheidend die „Klassische Literatur". Erst im Jahr 1788 kehrte er aus Italien nach Weimar zurück. Noch in diesem Jahr lernte er Christiane Vulpius kennen und bereits im Jahr 1789 wurde sein Sohn Karl August geboren.

Goethe verstarb im Jahr 1832 im damals hohen Alter von 83 Jahren in Weimar. Zu seinen bekanntesten Werken gehören: „Faust" (Teil I und Teil II), „Iphigenie auf Tauris" und „Wilhelm Meisters Lehrjahre".

3 **Mache dir in einem ersten Schritt klar, was du von dem Text behalten hast.**
Fertige ein Network an. Schreibe in dein Heft.
Beginne so:

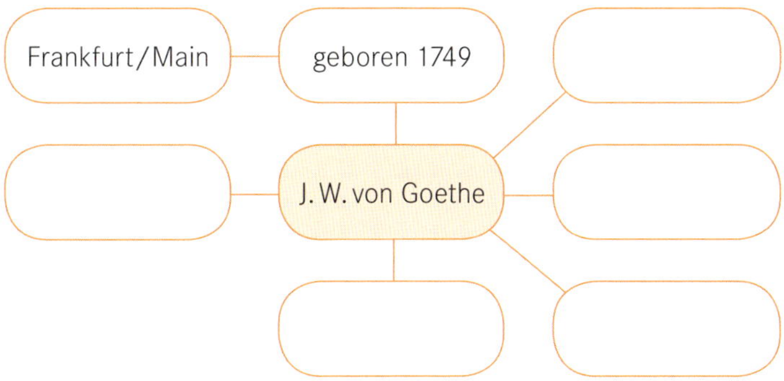

Im nächsten Schritt geht es um die Zusammenfassung des Textes. Bereits zu Beginn dieses Kapitels hast du erfahren, dass man sich Dinge besser merken kann, wenn man sie sich bildlich vor Augen führt.
Bei der Zusammenfassung dieses Textes bieten sich folgende Möglichkeiten an:

- ▷ Du kannst eine **Zeitleiste** erstellen, die das Leben Goethes in Anlehnung an die entsprechenden Jahreszahlen darstellt;
- ▷ Du kannst ein **Flussdiagramm** erstellen. Es ist ähnlich aufgebaut wie eine Zeitleiste, die Jahreszahlen rücken bei dieser Art der Darstellung allerdings etwas in den Hintergrund, die „inhaltlichen Stationen“ seines Lebens bekommen eine größere Bedeutung;
- ▷ Du kannst eine **Mindmap** erstellen, die, sortiert nach Lebensabschnitten und Werken, Auskunft über den Dichter gibt.

Visualisierungen

4 **Stelle die Lebensdaten Goethes auf einer Zeitleiste dar.**
Benutze für deine Zeitleiste ein Blatt Papier (DIN A4 oder besser DIN A3) im Querformat.
Beginne so:

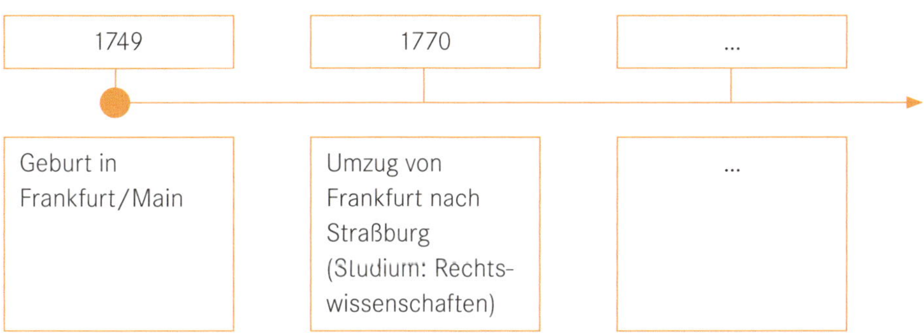

5 **Erstelle ein Flussdiagramm, das die „inhaltlichen Stationen“ im Leben Goethes darstellt.**
Benutze auch dafür ein Blatt Papier der Größe DIN A4 (besser DIN A3).
Beginne so:

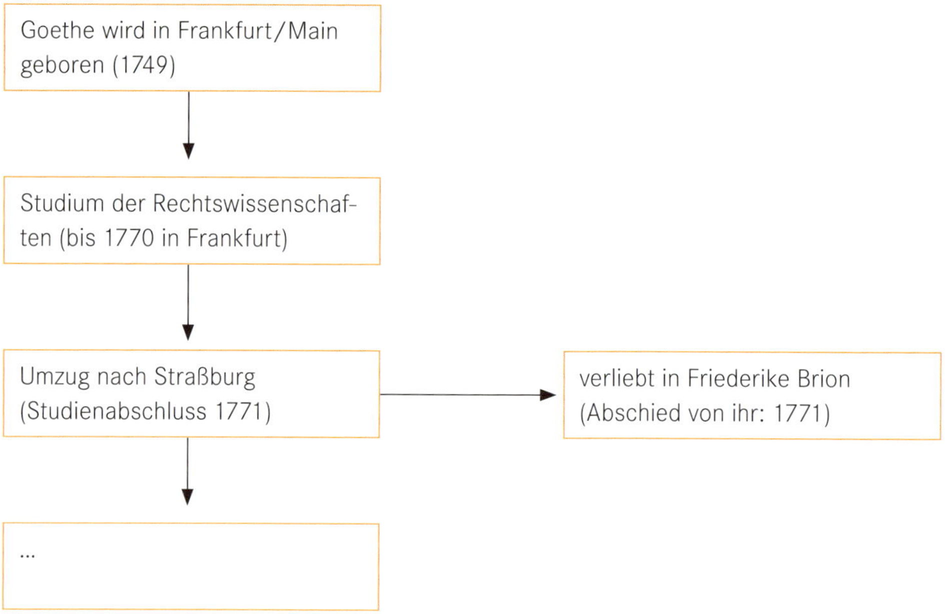

6 **Erstelle nun eine Mindmap, die du an der Einteilung des Sachtextes in die entsprechenden Sinnabschnitte orientieren kannst.**
Anmerkung: Die Regeln für das Erstellen einer Mindmap findest du auf Seite 49 ff.
Benutze auch für diese Aufgabe ein Blatt Papier (möglichst in der Größe DIN A3).
Beginne so:

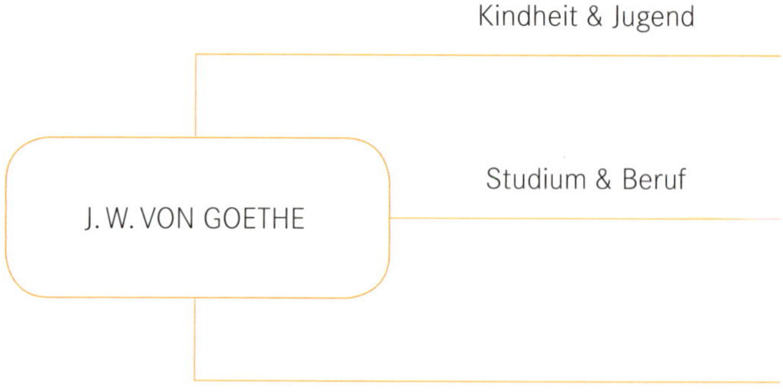

Je nachdem, um was für einen Text es sich handelt, kannst du eine solche visualisierte Form der Zusammenfassung auch als Lernplakat benutzen.

3.4 Visualisierungstechniken

Informationen, die du als Text gelesen hast, lassen sich viel leichter merken, wenn du sie zusätzlich als Bild im Gehirn abgespeichert hast. Du weißt ja schon:

Merke

Ein Bild sagt mehr als tausend Worte!

Es gibt viele verschiedene Möglichkeiten, um Informationen in Form von Bildern darzustellen und zusammenzufassen (zu veranschaulichen) – also zahlreiche **Visualisierungstechniken:** In diesem Kapitel, im Zusammenhang mit der Bearbeitung von Texten, hast du schon einige davon kennengelernt und erprobt, nämlich **Mindmaps** und **Networks** sowie die **Zeitleiste** und **das Flussdiagramm.** Hier sollen nun weitere Visualisierungstechniken vorgestellt und erprobt werden. Dazu erst einmal ein Überblick:

Visualisierungstechniken

Networks (= Cluster) kannst du für ein Brainstorming nutzen, also um Ideen zu einem Thema zu sammeln und deine Gedanken miteinander zu vernetzen.

Eine **Mindmap** eigenet sich dazu ebenso gut. Je nachdem, welche Gedanken oder Informationen zu dem Thema hinzukommen, kannst du sie jederzeit nach allen Seiten erweitern. Sie erfordert jedoch schon eine Unterscheidung von Ober- und Unterbegriffen zu einem Thema. Daher sind Mindmaps auch zur Strukturierung eines Inhaltes geeignet.

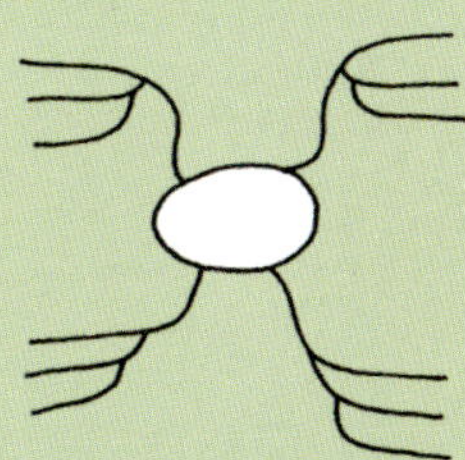

Ein **Baumdiagramm** oder **Strukturbaum** gibt die logische Struktur von Informationen wieder. Man unterteilt und gliedert einen Inhalt in verschiedene Kategorien und Unterkategorien.

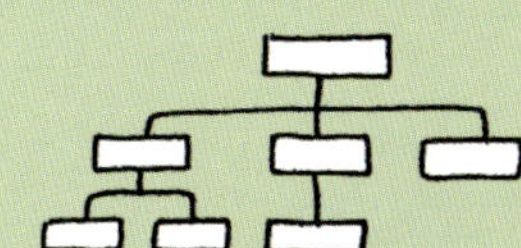

In Form von **Tabellen** lassen sich viele Informationen ordnen und darstellen.

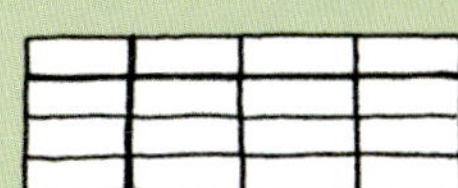

Skizzen und **Schemazeichnungen** stellen Situationen als einfache Zeichnung dar. Es geht dabei nicht um naturgetreues Zeichnen, sondern um die Darstellung der wesentlichen Aspekte. Eine Beschriftung mit wichtigen Daten oder Begriffen ist unerlässlich.

Eine **Zeitleiste** stellt den zeitlichen Ablauf eines Geschehens oder mehrerer Ereignisse auf einer Linie dar.

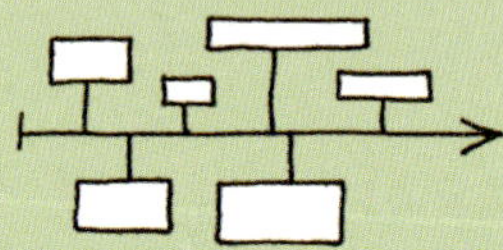

Flussdiagramme ordnen Ereignisse oder Abläufe ebenso nach der Reihenfolge ihrer Schritte. Sie können sich jedoch verzweigen.

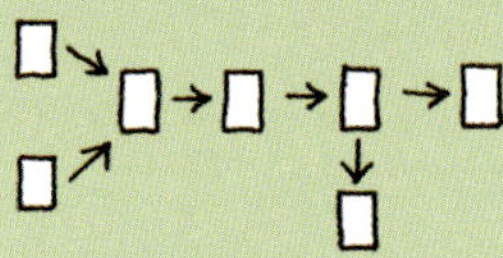

Strichlisten erfassen die Häufigkeit bestimmter Ereignisse.

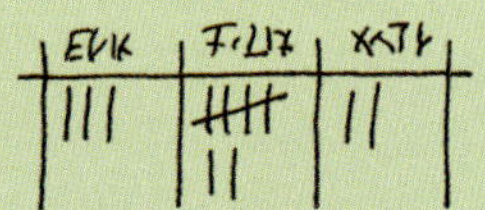

Durch **Säulendiagramme** (auch: Balkendiagramme) lassen sich verschiedene Messwerte oder Daten gut miteinander vergleichen.

Kreisdiagramme („Torten“) geben wieder, in welchem Verhältnis einzelne Daten im Vergleich zum Ganzen stehen.

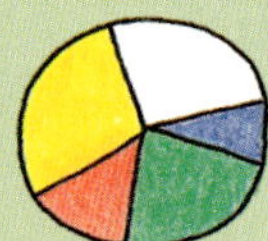

Mithilfe von **Kurvendiagrammen** kann man die Veränderungen eines Wertes, also eine Entwicklung, gut veranschaulichen.

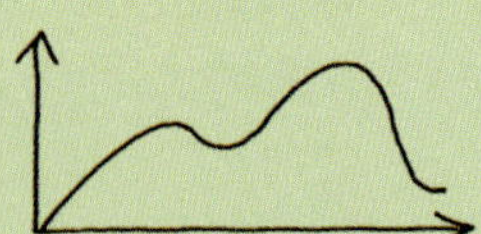

Modelle stellen Sachverhalte in einer konzentrierten Form dar. Sie können grafisch (zeichnerisch) dargestellt oder aus konkreten Materialien gebastelt werden.

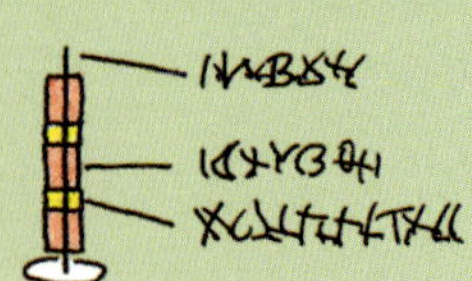

Du fragst dich nun vielleicht, für welche Aufgabe man denn nun welche dieser Techniken gebrauchen und anwenden kann?

1 **Lies die Beschreibung der Techniken oben noch einmal gründlich durch und ordne sie dann den unten genannten Aufgabenstellungen zu.**
Denke dir weitere Aufgabenstellungen aus und erweitere die Tabelle entsprechend in deinem Heft.

Aufgabe	mögliche Visualisierung
Bei einer Verkehrszählung soll erfasst werden, wie viele Autos zu einer bestimmten Uhrzeit an eurer Schule vorbeifahren.	
Die systematische Stellung des Menschen im Tierreich soll veranschaulicht werden.	
Du sollst die Entwicklung der Zuschauerzahlen einer bestimmten Fernsehsendung für einen bestimmten Zeitraum darstellen.	
Die wichtigsten Merkmale der fünf Weltreligionen sollen übersichtlich dargestellt werden.	
Die Zuschauerbeteiligung dreier Fernsehsender zu einem bestimmten Zeitpunkt soll miteinander verglichen werden.	
Der Aufbau der menschlichen Wirbelsäule soll veranschaulicht werden.	
Man will darstellen, welche Fernsehsender montags um 20.15 Uhr den größten Zuschaueranteil haben.	
Die Bestandteile einer Zelle und deren jeweilige Aufgaben sollen zusammengestellt werden.	
Du sollst aus verschiedenen Quellen Informationen zum Thema „Gentechnik“ sammeln.	
Eine Versuchsanordnung im Chemieunterricht soll dargestellt werden.	
Du sollst deine Gedanken zum Thema „Abtreibung“ notieren.	

Aufgabe	mögliche Visualisierung
Der Lebenslauf von Mozart soll dargestellt werden.	
Im Biologieunterricht soll verdeutlicht werden, wie das Abwasser ein Klärwerk durchläuft.	
Unregelmäßige Vokabeln sollen zum Auswendiglernen übersichtlich zusammengestellt werden.	
Die Schulleitung will darstellen, auf welche Art und Weise wie viele Schüler zur Schule kommen (zu Fuß, mit dem Rad, per Bus ...).	
Zur Lösung einer Mathe-Textaufgabe musst du dir den Grundriss einer Wohnung verdeutlichen.	
Eure Klasse sammelt Ideen für die nächste Klassenfahrt/den nächsten Wandertag.	
Meilensteine bei der Entwicklung des Mikroskopes sollen veranschaulicht werden.	

2 Lies und strukturiere den Text zunächst.

1. Überfliege den Text, um dir einen Überblick über den Inhalt zu verschaffen.
2. Lies ihn ein zweites Mal gründlich und unterstreiche die systematischen Gruppen.
3. Markiere die Tiere einer Wirbeltierklasse jeweils farbig. Nimm für jede Klasse eine andere Farbe.

Das System der Tiere

Im System der Tiere wird unterschieden zwischen Wirbellosen und Wirbeltieren. Der Stamm der Wirbeltiere wird in fünf systematische Klassen unterteilt: Zur Klasse der Fische gehören zum Beispiel Hecht, Karpfen und Forelle, nicht jedoch Wale und Delphine - diese sind Säugetiere, obwohl sie auch im Wasser leben. Frösche und Molche leben sowohl im Wasser als auch an Land. Sie gehören zur Klasse der Amphibien oder Lurche. Aus der Klasse der Reptilien oder Kriechtiere kennst du Eidechsen, Schildkröten, Krokodile und Schlangen. Sie leben überwiegend an Land, legen aber Eier - ebenso wie die Fische und Lurche. Die Luft ist der Lebensraum für Störche,

Stare, Meisen und viele andere Vögel, die eine eigene Klasse bilden. Es gibt jedoch auch hier Ausnahmen. Pinguine und Strauße z. B. können nicht fliegen. Am bekanntesten ist dir die Klasse der Säugetiere. Unsere Haustiere, wie z. B. Hunde, Hamster und Schweine gehören dazu, aber auch wild lebende Tiere wie Fuchs, Reh, Löwe, Giraffe. Auch der Mensch zählt zu dieser Klasse.

In jeder systematischen Klasse unterscheiden Biologen verschiedene Ordnungen. Bei den Säugetieren sind dies z. B. Raubtiere, Nagetiere oder Huftiere.

3 Übe nun verschiedene Visualisierungstechnicken.

1. Erstelle eine **Tabelle** der verschiedenen Wirbeltierklassen mit den jeweiligen Tier-Beispielen.
2. Wandle diese Tabelle nun um in eine **Mindmap.** Beachte alle Mindmap-Regeln.
3. Stelle das System der Tiere als ein **Baumdiagramm** (Strukturbaum) dar.

4 Vergleiche deine Darstellungen und überlege, welche Vor- und Nachteile diese drei verschiedenen Formen der Visualisierung haben.

Säulendiagramme, Kurven- und Kreisdiagramme kennst du schon aus dem Mathematik- und Erdkundeunterricht. Ein Flussdiagramm hast du schon oben erprobt. Hier nun einige zusätzliche Übungen zum Zeichnen von Diagrammen.

5 Stelle die Wahlergebnisse der drei Parteien A, B und C in Form eines Säulendiagramms dar.

Benutze für die Säulen der einzelnen Parteien unterschiedliche Farben:
Partei A: Blau, Partei B: Rot, Partei C: Grün.

Die drei Parteien A, B und C haben in den letzten Jahren ziemlich wechselhafte Ergebnisse erzielt.

- Bei der Wahl im Jahr 1992 kam Partei A auf 15 Prozent (%) der Wählerstimmen, Partei B erzielte genau doppelt so viele Stimmen und Partei C noch einmal 10 % mehr als Partei B.
- Bei der nächsten Wahl im Jahr 1996 fielen Partei A um 5 % und Partei C um 10 % zurück, Partei B hingegen legte um 20 % zu.
- 2000 änderte sich das Bild erneut. Die beiden Parteien B und C erzielten je 40 %, Partei A blieb bei 10 %.
- 2004 legte dann Partei A genau um das Doppelte zu. Partei B verlor 10 % und Partei C gewann 5 % dazu.

6 **Stelle die Wahlergebnisse aus Übung 5 nun in einem Kurvendiagramm dar.**
Benutze für die Kurven der einzelnen Parteien unterschiedliche Farben:
Partei A: Blau, Partei B: Rot, Partei C: Grün.
Schreibe in dein Heft.

7 **Erstelle ein Kreisdiagramm.**

1. Familie Mayer hat ein monatliches Gesamteinkommen von 2.000 € (100 %). Berechne die fehlenden Prozentwerte und trage sie in der rechten Spalte der Tabelle ein (% = Ausgaben : Gesamteinkommen). Die Summe der Prozentwerte muss 100 ergeben.

Ausgaben von Familie Mayer pro Monat

Ausgabenart	€/Monat	Prozent des Einkommens
Nahrungsmittel	400 €	20 %
Wohnung/Heizen	800 €	
Bekleidung	200 €	
Bildung/Unterhaltung	100 €	
Auto/Verkehr	300 €	
Möbel/Haushalt	100 €	
Sonstiges	100 €	

2. Übertrage die errechneten Prozentwerte in das Kreisdiagramm. Der Kreis hat 360°. Die Prozentwerte musst du in $x°$ umrechnen, dann kannst du sie mit dem Geodreieck abmessen. Gestalte die „Tortenstücke" farbig und beschrifte sie.
Beispiel: 100 % = 360°, 20 % = 72°, 1 % = 3,6°

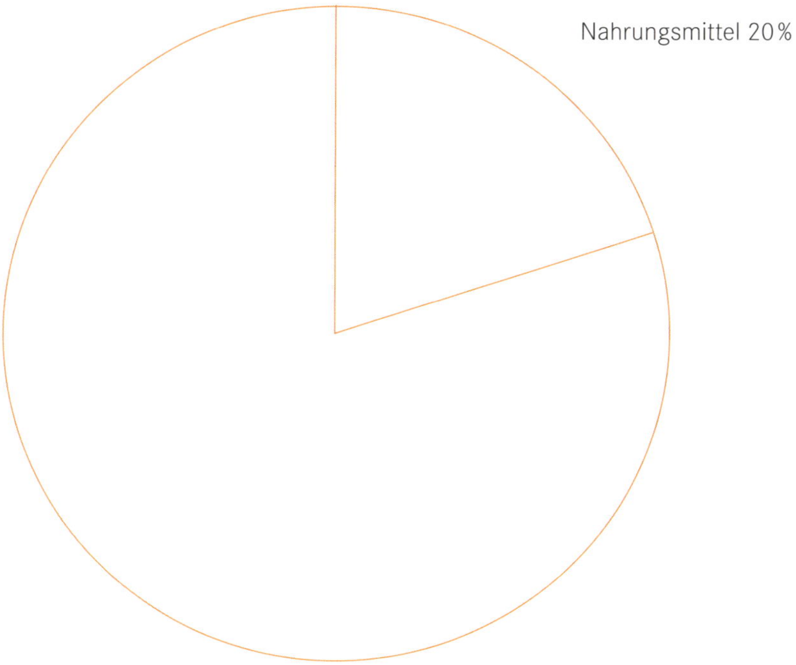

8 Fülle nun zur Zusammenfassung den folgenden Lückentext aus.

Gedächtnis – zusammenzufassen – grafische Darstellung – Präsentation – veranschaulichen

Ich merke mir:

Die ______ von Lerninhalten hilft mir, die Informationen ______ und zu ______. So kann ich sie besser im ______ behalten.

Außerdem tragen die verschiedenen Formen der Visualisierung zur Veranschaulichung einer ______ bei.

Ich kenne folgende Visualisierungstechniken: ______

______

______

3.5 Informationen lernen und behalten

Lerntypen

Für deine Planung der Vorbereitung für die Abschlussprüfung solltest du dir diesen Abschnitt sehr aufmerksam durchlesen und die Tests durchführen. Vielleicht erspart es dir sehr viel Zeit.

Lernen geschieht auf vielfältige Art und Weise. Jeder lernt immer und überall. Ob das Gelernte jedoch im Gedächtnis bleibt, hängt von mehreren Faktoren ab. Zum einen hängt es davon ab, welcher Lerntyp man ist. So kann es sein, dass du dich nach langen Vorträgen an wenig erinnerst und kaum etwas wiedergeben kannst, während andere Schüler das mühelos leisten können. Andererseits kannst du vielleicht einfach dadurch, dass du die Lerninhalte selbst „in die Hand nimmst" ein Lernverständnis entwickeln, das andere so nicht können.
Grob unterteilt man in vier verschiedene Lerntypen:
1. Menschen, die sich Dinge und Zusammenhänge durch Lesen gut einprägen können.
2. Menschen, die sich Dinge und Zusammenhänge durch Zuhören gut einprägen können.
3. Menschen, die sich Dinge und Zusammenhänge durch Anschauen gut einprägen können.
4. Menschen, die sich Dinge und Zusammenhänge durch Erproben gut einprägen können.

Leider ist das Lernen nun nicht so einfach, dass man sich einfach auf einem Lernweg Wissen aneignen kann. Lernen geschieht immer auf mehreren Wegen oder Eingangskanälen (Schreiben, Sprechen, Riechen, Hören, Tasten, Schmecken und Sehen). Trotzdem solltest du herausfinden, wo dein Schwerpunkt des Lernens liegt. Dazu dient der folgende Lerntypen-Test.

1 **Du kannst dir nun klarmachen, wie viel du auf unterschiedlichen Wegen behältst.**
Kreuze im jeweiligen Kästchen
die **3** an, wenn du dadurch **viel** behältst,
die **2** an, wenn dir auf diesem Weg **manches** im Gedächtnis bleibt,
die **1** an, wenn du bei diesem Vorgang nur **wenig** behältst.

Lernweg	3	2	1
1. Du liest einen Text ein paar Mal durch.			
2. Dein Lehrer erklärt dir etwas.			
3. Du siehst einen Film im Erdkundeunterricht.			
4. Du machst ein Experiment und baust alle Teile dafür selbst auf.			
5. Du erklärst einem Mitschüler den Lösungsweg.			
6. Du liest die englischen Vokabeln ein paar Mal durch.			
7. Du schlägst ein Wort im Wörterbuch nach.			
8. Du fertigst zu einem Thema eine Zeichnung an.			

Lernweg	3	2	1
9. Du lässt dir von einem Mitschüler etwas erklären.			
10. Du hältst selbst einen Vortrag.			
11. Du schaust dir eine Abbildung im Lehrbuch genau an.			
12. Du schreibst die englischen Vokabeln auf.			
13. Der Lehrer hält einen Vortrag.			
14. Der Lehrer macht dir eine Turnübung vor.			
15. Wichtige Informationen hängen auf Lernplakaten im Klassenraum.			
16. Du besprichst die Hausaufgabe mit deinen Eltern.			
17. Du siehst im Fernsehen eine wissenschaftliche Sendung.			
18. Du hörst einen Vortrag im Radio.			
19. Du schreibst aus einem Text die Schlüsselwörter heraus.			
20. Du bittest einen Mitschüler, dir Fragen zu stellen, auf die du antworten musst.			

Auswertung:

Punkte von	Summe	Lernart	Platz
2 + 9 + 13 + 18		Hören	
1 + 6 + 7 + 15		Lesen	
3 + 11 + 14 + 17		Sehen	
5 + 10 + 16 + 20		Sprechen	
4 + 8 + 12 + 19		Schreiben/Handeln	

Ich bin folgender Lerntyp:

Wenn du deinen Lerntyp ermittelt hast, dann solltest du darauf auch Rücksicht nehmen. Auf den folgenden Seiten findest du Hinweise darauf, wie du dein Lernen und damit die Vorbereitung auf die Abschlussprüfung auf deinen Lerntyp hin abstimmen kannst.

2 Notiere in der folgenden Tabelle, welcher Lerntyp in den einzelnen Kapiteln angesprochen wird:

Informationen findest du in den jeweiligen Kapiteln.

Abschnitt	Hören	Lesen	Sehen	Sprechen	Schreiben/ Handeln
Markieren/Strukturieren					
Lesetechniken					
Mindmap/Network					
Nachschlagen					
Internet-Recherche					
Visualisierungstechniken					
Karteikarten					
gemeinsam lernen					
Lernplakate					
Präsentation					

Ganz allgemein gilt, dass man möglichst viele verschiedene Eingangskanäle beim Lernen nutzen sollte. Das folgende Modell macht dir das deutlich:

Merke

Durch **Lesen** behält man ungefähr **10 %** vom Inhalt.

Durch **Hören** behält man ungefähr **20 %** vom Inhalt.

Durch **Sehen** behält man ungefähr **30 %** vom Inhalt.

Durch **Sehen und Hören** behält man ungefähr **50 %** vom Inhalt.

Durch **selbst über den Inhalt Sprechen** behält man ungefähr **70 %** vom Inhalt.

Durch **selbst Ausprobieren und Ausführen** behält man ungefähr **90 %** vom Inhalt.

3 **Ergänze den Lückentext.**

Pausen – Ausrüstung – Gruppe – Wetter – Belastungsphasen – Ergebnisse – Abstieg – Karte – Herausforderung – Mitglieder – Bild

Lückentext zum Lernen

Lernen ist wie Bergsteigen, Bergsteigen ist wie Lernen. Man braucht eine gute Kondition, eine gute ______ und fast immer auch ein gutes Team. Der Berg, der bezwungen werden soll, ist das Ziel.
Meistens wird ein Berg ausgewählt, der eine ______ darstellt. Bergsteiger wollen sich verbessern, sie sind schließlich Leistungssportler. Vor jedem Aufstieg muss sich der Bergsteiger ein ______ vom Weg auf den Gipfel machen. Dafür hat er eine ______, in die er nicht nur den geplanten Weg einträgt, sondern auch eine Alternative, falls z. B. das ______ schlecht werden sollte oder unvorhergesehene Dinge passieren. Das Bergsteigerteam bespricht sich vor dem Aufstieg und kontrolliert die Ausrüstung. Mit einer nahrhaften Mahlzeit gestärkt, kann es losgehen.
Während des Aufstiegs helfen sich die Bergsteiger gegenseitig. An besonders schweren Abschnitten, wie z. B. Gletscherspalten, Überhängen oder Schneefeldern, seilen sie sich gemeinsam an. So kann die ______ im Notfall einzelne ______ retten. Nach längeren und harten ______ müssen Pausen eingelegt werden, die allerdings so eingeplant sein müssen, dass der Gipfel innerhalb der errechneten Zeit erreicht werden kann. Diese ______ dienen auch der Belohnung. Nahrung und Flüssigkeit muss aufgenommen werden. Die Bergsteiger dokumentieren ihre ______, um weiteren Bergsteigern, die nach ihnen den Gipfel auf derselben Route erreichen wollen, geeignete Tipps geben zu können. Ist das Schlimmste geschafft und der Gipfel dann erreicht, bleibt häufig wenig Zeit zum Feiern. Schließlich warten noch weitere Aufgaben: der ______!

4 **Die Geschichte oben lässt sich auf das Lernen beziehen.**
Du musst einfach einige Begriffe austauschen oder ergänzen. Versuch es einmal.

Lernen ist wie Bergsteigen, Bergsteigen ist wie Lernen. Man braucht eine gute Kondition, eine gute Ausrüstung (Bücher, Hefte, Mappen etc.) und fast immer auch eine gute Lerngruppe. Der Lernstoff, der bezwungen werden soll, ist das Ziel. Meistens wird ein Lernstoff ausgewählt ...

Lernen mit Karteikarten

Beim Lernen mit Karteikarten kannst du tatsächlich alle Sinne zum Lernen nutzen!
Und so geht's:
Du gehst jeden Tag zur Schule, damit du etwas lernst. Das Lernen sieht in den einzelnen Fächern aber ganz unterschiedlich aus. In einigen Fächern ist es wichtig, Zusammenhänge zu verstehen, in anderen Fächern musst du Begriffe und Sachverhalte stumpf auswendig lernen. Dementsprechend kannst du für das Lernen unterschiedliche „Taktiken" anwenden.
Ist es z. B. im Fach Mathematik wichtig, Formeln auswendig zu kennen, damit du sie bei entsprechenden Aufgaben anwenden kannst, oder musst du für das Fach Deutsch Regeln für eine bestimmte Aufsatzform im Kopf haben, bietet sich z. B. ein Lernplakat an, das du in deinem Zimmer aufhängst, sodass du jeden Tag einen Blick darauf werfen kannst und die Formeln oder Regeln dann in dein Langzeitgedächtnis aufnimmst.
Musst du aber für einen Vokabeltest oder eine Englischarbeit üben, bietet es sich sicherlich nicht an, alle Vokabeln auf einem Lernplakat zu notieren.

Tipp

Probiere Dinge, die du relativ schnell lernen musst, mit Karteikarten zu üben!

5 **Sieh dir die Aussagen in der folgenden Tabelle bitte genau an und bewerte, ob das Lernen mit Karteikarten für dich ein Vorteil sein kann.**

Aussage	ist mir wichtig	kann ich nicht einschätzen	bedeutet mir nicht viel
Karteikarten muss ich mir erst schreiben, ich muss mich also mit dem Thema beschäftigen.			
Karteikarten kann ich so gestalten, dass eine Frage auf der Vorderseite und die Antwort auf der Rückseite steht, das hilft mir beim Lernen.			
Karteikarten sind handlich, ich kann auch unterwegs damit lernen.			
Mit Karteikarten kann ich mich leicht abfragen lassen.			
Karteikarten kann ich leicht sortieren in „das weiß ich“ und „das muss ich noch einmal wiederholen“.			
Karteikarten sind nicht so schnell abgegriffen und verknickt wie ein Blatt Papier, ich kann sie häufiger benutzen.			

Du hast hoffentlich erkannt, dass das Lernen mit Karteikarten große Vorteile bietet. Aber wie genau kannst du sie dir erstellen und wie kannst du sie „richtig“ und effektiv benutzen?
Wir gehen die oberen Punkte aus der Tabelle noch einmal durch:

Tipp

Karteikarten muss ich mir erst schreiben, ich muss mich also mit dem Thema beschäftigen.

Karteikarten kannst du natürlich nicht nur benutzen, um Vokabeln zu lernen. Auf Karteikarten kannst du alles notieren, egal für welches Fach. Dabei musst du nicht nur den Lernstoff abschreiben, sondern du kannst die Gelegenheit nutzen (da die Karteikarte in der Regel recht klein ist), den Lernstoff so zusammenzufassen, dass du ihn auf das Wesentliche, also das, was du wirklich lernen musst, beschränkst. (Aber natürlich darfst du auch mehrere Karteikarten benutzen!) Probiere es einmal aus.

6 Lies den folgenden Sachtext. Unterstreiche die Schlüsselbegriffe.

erörtern – Erörterung

Die Erörterung ist eine Fortführung der Argumentation. Argumentieren heißt, den eigenen Standpunkt durch das Abwägen von Pro- und Kontra-Argumenten zum Ausdruck zu bringen. Im Unterschied zur Argumentation setzt die Erörterung die Auseinandersetzung mit ganzen Sachverhalten und Problemen voraus (bei der Argumentation werden lediglich einzelne Gesichtspunkte miteinander verglichen). Auf dieser Grundlage soll ein Ergebnis gefunden werden, mit dem man zu einem Sachverhalt klar Stellung bezieht, also seine eigene Meinung äußert. Dabei gibt es in der Regel zwei Entscheidungsmöglichkeiten, nämlich Pro und Kontra (Ja oder Nein), wobei die Entscheidungsmöglichkeiten gegensätzlicher Natur sind. Wichtig ist, dass die Entscheidung für oder gegen eine Sache immer begründet und/oder mit Beispielen belegt sein muss. Wenn man jemanden von seiner eigenen Meinung überzeugen will, muss man immer auch die Argumente der „Gegenseite" berücksichtigen, daher ist es sinnvoll, diese gleich mit in den Gedankengang aufzunehmen und sie begründend zurückzuweisen. [...]

7 Fasse jetzt diesen Lernstoff so zusammen, dass er auf eine kleine Karteikarte passt. Du kannst auch Stichpunkte notieren.

Tipp

Karteikarten kann ich so gestalten, dass eine Frage auf der Vorderseite und die Antwort auf der Rückseite steht, das hilft mir beim Lernen.

Für manche Themen ist eine Zusammenfassung des Lernstoffs unerlässlich. Manchmal ist es aber auch sinnvoll, entweder statt einer umfassenden Zusammenfassung oder als Ergänzung dazu eine konkrete Frage zu formulieren und die Antwort auf der Rückseite zu notieren. (Du solltest aber auf jede Karteikarte nur jeweils eine Frage mit Antwort schreiben!)

8 **Probiere auch dies zu dem oberen Thema aus.**
Notiere eine Frage auf der Vorderseite. Auf die Rückseite schreibst du die Antwort.

Vorderseite der Karteikarte

Rückseite der Karteikarte

9 Schreibe zwei weitere mögliche Fragen und Antworten zur Definition der Erörterung auf.

Fragen:	Antworten:

Tipp

Karteikarten sind handlich, ich kann auch unterwegs damit lernen.

Das geht natürlich besonders gut, wenn die Karteikarten ein handliches Format haben (DIN A6 oder DIN A7), was im optimalen Fall auch in die Jackentasche passt. Dann kannst du auch unterwegs immer mal wieder einen Blick darauf werfen, denn das Lernen mit vielen Wiederholungen prägt sich besonders gut im Gedächtnis ein.
Wenn du für die einzelnen Fächer Karteikarten in unterschiedlichen Farben wählst, erleichtert es das Lernen, weil es übersichtlich ist.

Tipp

Mit Karteikarten kann ich mich leicht abfragen lassen.

Wenn du die Karteikarten häufig bei dir trägst, ist es ein Leichtes, sie jemandem zu geben (Eltern, Freunden ...), mit der Bitte, dich einmal abzufragen. Dies bietet sich natürlich beim Lernen von Vokabeln oder Dingen, die auswendig gelernt werden müssen, besonders an.

Tipp

Karteikarten kann ich leicht sortieren in „das weiß ich“ und „das muss ich noch einmal wiederholen“.

Merkst du, dass du das, was auf der Karteikarte steht, eigentlich schon gut im Kopf hast, kannst du diese Karte entweder vorübergehend zu Seite legen, in dem Kartenstapel ganz nach hinten schieben oder sie sogar ganz aus „deinem Lernprogramm“ herausnehmen. Es ist sicherlich ein tolles Gefühl, wenn man etwas als quasi „erledigt“ weglegen kann.

Tipp

Karteikarten sind nicht so schnell abgegriffen und verknickt wie ein Blatt Papier, ich kann sie häufiger benutzen.

Da Karteikarten aus festerem Papier bzw. aus Pappe bestehen, halten sie die Strapazen des häufigen Gebrauchs viel besser aus als ein Blatt Papier, mit dem es, wenn es ganz zerknittert ist, gar keinen Spaß mehr macht zu lernen.
Karteikarten kannst du sehr gut auch benutzen, um dir oder anderen (Eltern, Freunden ...) den Lernstoff zu erzählen bzw. zu erklären.

Tipp

Erzähle mithilfe deiner Karteikarten alles, was du zu dem Thema weißt. Hast du niemanden, der dir zuhören kann oder will, dann geh nach draußen, mach einen Spaziergang und gehe dabei in Gedanken noch einmal alle Punkte durch. Wenn dich niemand hört, kannst du auch laut sprechen.
Dabei merkst du auch, wo du ins Stocken gerätst, wo noch Lücken sind und was du noch einmal wiederholen musst.
Ebenso kannst du dich auf diese Weise sehr gut auf eine mündliche Prüfung vorbereiten, bei der du ja auch „darüber reden“ musst.

Wie du mithilfe von Karteikarten eine Präsentation vorbereiten kannst, lernst du in dem Kapitel 3.6 Präsentationen, S. 85–92.

Gemeinsam lernen

„Ich mache das besser ganz allein. Da kann mir sowieso keiner helfen ..." Manche Schüler denken so und vergessen dabei, dass es mitunter sehr viel einfacher ist, wenn man Unterstützung hat. Vielleicht fallen dir spontan einige gute Gründe ein, warum man sich bei seinem Vorhaben, sich intensiv auf die Abschlussprüfung vorzubereiten, vielleicht doch einen oder mehrere Partner sucht.

10 Schreibe sieben gute Gründe auf, sich *nicht* allein auf die Abschlussprüfung vorzubereiten:

1.

2.

3.

4.

5.

6.

7.

Häufig ist es jedoch so, dass man sich gerne von einem anderen Schüler ablenken lässt. Dann sitzt man stundenlang zusammen, quatscht oder spielt und hat am Ende nichts von dem gemacht, was man sich vorgenommen hatte.

Deshalb gilt auch für das gemeinsame Lernen, dass man sich zunächst überlegt, was man gemeinsam erarbeiten will (Vokabeln lernen, Defizite aufarbeiten, auf eine Klassenarbeit oder auf die Abschlussprüfung vorbereiten). Das muss unbedingt aufgeschrieben werden, damit jeder das Ziel nicht aus den Augen verliert. Dann solltet ihr, je nachdem wie viele Schüler ihr seid, auch die Zeit ebenso einplanen wie die Frage, welches Material verwendet werden und wer daran beteiligt sein soll.

So kann eine schriftliche Lernvereinbarung aussehen:

Fach Englisch					
Thema	Ziel	Zeit	Material	Wer ?	Wie?
Vokabeln	für Test vorbereiten	30 min	Vokabelheft	Mia und ich	Abfragen
Pause		10 min			
Future I + II	Versäumtes nachholen	30 min	Buch	alle vier	Gruppenpuzzle

Die üblichen Formen des gemeinsamen Lernens sind das Abfragen, die Kontrolle und das Überprüfen von Wissen. So fragt man sich gegenseitig Vokabeln ab, kontrolliert die Texte des Mitschülers oder formuliert eigene kleine Testaufgaben oder Quizfragen.
Es gibt aber noch andere Möglichkeiten, um sich gegenseitig etwas beizubringen, nämlich „kooperative Lernformen“, die das Lernen durch Zusammenarbeit fördern. Dabei ist jeder Schüler mal in der Rolle des Lernenden und auch mal in der Position des Lehrenden und Erklärenden.

Beispiele für kooperatives Lernen

Die folgenden Begriffe beschreiben „kooperative Lernformen“. Das bedeutet, dass hier das Zusammenarbeiten gefördert wird. Manchmal empfiehlt es sich, nicht jedem Schüler identische Informationen zu geben. Man kann Inhalte auch in Teile aufgliedern und auf mehrere Schüler verteilen. So spart man z. B. Zeit beim Lernen.
Die folgenden kooperativen Lernformen eignen sich auch für zu Hause. Man braucht dafür nicht viel Platz. Allerdings sollte die Lerngruppe möglichst nicht größer als vier Schüler sein. Ihr braucht ausreichend Licht, Papier, Stifte ... Eigentlich braucht ihr alles, was für einen ordentlichen Arbeitsplatz nötig ist. Denkt bitte auch an feste Schreibunterlagen.

Placemat-Activity (Tischdeckchen):

Dies ist eine Form von Brainstorming, bei der alle Beteiligten zunächst einmal eigene Ideen, Eindrücke oder Meinungen aufschreiben. Man kann das gut für den Deutschunterricht verwenden, wenn es nicht um exaktes, eindeutig reproduzierbares Wissen geht. So kann man diese Methode gut bei Textauswertungen und -analysen einsetzen („Ich habe verstanden, dass ...“, „Meiner Meinung nach ...“, „Aus meiner Sicht ...“).
Ein Blatt Papier (mindestens DIN A3) wird so unterteilt, wie das unten dargestellt ist. Jeder beteiligte Schüler trägt seinen Beitrag in ein Feld am Rand ein. Während man schreibt, sollte man nicht sprechen oder sich beim Nachbarn informieren. Erst nach der Einzelarbeit folgt ein Austausch und eine Diskussion der einzelnen Beiträge. Ziel ist es, sich auf ein gemeinsames

Ergebnis, eine gemeinsame Lösung oder auf eine Aussage zu einigen, was dann in das Feld in der Mitte eingetragen wird.
Bei der Besprechung der Ergebnisse müsst ihr natürlich beweisen, ob ihr Gesprächsregeln beherrscht und ob ihr gelernt habt zu argumentieren.

A-B-Methode:
Mit dieser Methode überprüft ihr euer bereits vorhandenes Wissen und eure Fähigkeit, dieses Wissen auch einem Partner zu vermitteln. Die A-B-Methode bietet den Vorteil, dass man sehr schnell merkt, ob man etwas wirklich richtig verstanden hat. Sie funktioniert ähnlich wie ein Pingpong-Spiel:
Du lässt dir von einem anderen Schüler etwas erklären und machst dir evtl. Notizen dazu. Anschließend musst du mit eigenen Worten das Erklärte wiederholen und verdeutlichen. Dein Partner überprüft, ob deine Darstellung richtig ist, und ergänzt und korrigiert sie gegebenenfalls. Sollten weiter Unklarheiten vorhanden sein, muss dieser Bereich noch einmal bearbeitet werden, natürlich mit anschließender Wiederholung.

Gruppenpuzzle/Expertenrunde:

Diese Methode spart sehr viel Zeit, wenn man gründlich arbeitet. So kann man beispielsweise den Inhalt einer Lektüre gut als Gruppenpuzzle wiederholen.
Jeder Schüler wählt sich einen Teilbereich des Gesamtthemas aus, den er bearbeiten will. Schüler A z. B. den Inhalt der Kapitel 1 und 2 einer Lektüre, Schüler B die Kapitel 3 und 4 usw. Wenn alle Beteiligten mit ihrer Vorbereitung fertig sind, trägt jeder seinen speziellen Teil vor. Die anderen Schüler machen sich Notizen zu den Kurzvorträgen. So wird aus einzelnen Expertenvorträgen ein inhaltliches Gesamtbild, das erst dann komplett ist, wenn alle die Inhalte verstanden haben.
Sicherlich fallen dir noch weitere Einsatzmöglichkeiten für dieses Verfahren ein.

Galeriegang:

Bei einem Galeriegang geht es darum, eigene Arbeitsergebnisse auszustellen, die dann von anderen Schülern begutachtet und kommentiert werden.
Beispielsweise kann jeder Schüler eine Textaufgabe zu einem bestimmten, komplexen Mathe-Thema (z. B. Strahlensätze) lösen und seinen Lösungsweg mit dem Ergebnis als Plakat präsentieren. Zu jedem Plakat wird ein leeres Blatt für Kommentare, Anregungen oder Verbesserungsvorschläge ausgelegt oder ausgehängt.
Anschließend gehen alle Beteiligen durch diese „Plakat-Galerie“, vollziehen den jeweiligen Lösungsweg nach und beurteilen das Ergebnis. Alle Kommentare wie Hinweise auf Fehler, Korrekturen, Ergänzungsvorschläge oder auch Lob werden auf das zugehörige Extra-Blatt geschrieben.
Am Ende des Rundganges hat jeder Beteiligte sich mit allen Aufgaben intensiv auseinandergesetzt und von den anderen dazugelernt. Wenn man wieder am eigenen Plakat angelangt ist,

kann man die Anregungen der Mitschüler zur eigenen Lösung lesen und als Hilfe aufnehmen. Bei einem Galeriegang kann man auch sehr gut unterschiedliche Meinungen und Urteile zu provokanten Thesen austauschen, ohne gleich in Diskussionen oder gar Streit zu geraten, denn die Kommentare werden ja zunächst schriftlich notiert. Jeder kommt mit seiner eigenen Meinung zu Wort und die Diskussion erfolgt erst ganz am Ende des Rundgangs.
Andere Anwendungsbeispiele sind die Charakterisierung von Personen in einer Lektüre, die Sammlung von Pro- und Kontra-Argumenten zu einem Thema ...

3.6 Präsentationen

Während deiner Schulzeit wirst du schon die eine oder andere Präsentation gehalten haben. Je nachdem, was für Erfahrungen du gemacht hast, wirst du gerne vor ein Publikum treten oder auch nicht.
Zunächst einige Tipps für dich und dann auch eine konkrete Übung.

Merke

Folgende zehn Regeln für eine Präsentation solltest du beherzigen:

1. **Kein Vortrag ohne Einstieg!** Sorge dafür, dass bei deinem Publikum Neugier und Interesse für deine Präsentation geweckt wird. Das gelingt dir z. B. durch eine provokante These, einen ungewöhnlichen Gegenstand, ein Foto, ein Bild, ein Zitat, das mit dem Thema zu tun hat.
2. **Sage oder zeige deinem Publikum, was auf es zukommt.**
3. Lass dein Publikum nicht nur etwas hören, sondern auch **etwas sehen.**
4. Nur gut **lesbare Plakate** erhöhen das Interesse.
5. **Weniger ist häufiger mehr!** Nicht alles, was du sagst, muss auch auf deinen Medien niedergeschrieben stehen.
6. Eine **erprobte Präsentation** gelingt besser.
7. **Schau dein Publikum** während der Präsentation **an.**
8. **Sprich deutlich, laut** genug und **nicht zu schnell.**
9. Drück' dich **verständlich** aus.
10. **Runde** deinen Vortrag **ab.**

1 Folgender Text einer Schülerin soll dir als Grundlage dienen, einmal alle wichtigen Aspekte einer Präsentation durchzuarbeiten.

1. Unterteile den Text in **Sinnabschnitte.**
2. Unterstreiche die **Schlüsselbegriffe** mit einem Textmarker und schreibe sie in die dafür vorgesehene Spalte. Erweitere die Schlüsselbegriffe um ein oder zwei zusätzliche untergeordnete Begriffe, die auf eine Stichwortkarte passen würden.
3. Überlege dir, an welcher Stelle eine **Visualisierung** möglich wäre. Was für eine Visualisierung würdest du wählen? Was würde auf deiner Visualisierung zu sehen sein?
4. **Wie viel Zeit** würdest du für eine derartige Präsentation einplanen müssen?

Text	Schlüsselbegriffe	Visualisierung
Was ist Europa?		
Geografisch gesehen ist Europa zwar nach Australien der **zweitkleinste Kontinent** auf der Erde, er zieht jedoch durch seine kulturelle Vielfalt das Interesse vieler Nichteuropäer auf sich.	Geografisch zweitkleinster Kontinent	Europakarte (Power Point) Oder Landkarte
Der **Kontinent Europa** dehnt sich vom **höchsten Punkt** in **Norwegen** etwa 3 800 km in südliche Richtung bis zu seinem **tiefsten Punkt** in **Südspanien** aus.	Norwegen Südspanien	
Die **östliche Grenze** stellt das **Uralgebirge** in Russland dar.	Ural	
Ca. 6 000 km **westlich** von dort schließt Europa mit der **portugiesischen Atlantikküste** ab.		
Europa bedeutet „die mit der weiten Sicht". In der griechischen Mythologie trug eine Königstochter diesen Namen, mit der der Göttervater Zeus Kinder zeugte. Diese Kinder ließen große Kulturen entstehen. Also könnte man „Europa" auch als Mutter der Kulturen bezeichnen.		
Wenn man sich diesen kleinen Kontinent, der streng genommen nur ein Subkontinent ist, ansieht, mag etwas daran sein.		
In der Antike hatten die Griechen und Römer bereits eine Hochkultur, deren Wurzeln weit in die heutige Zeit reichen. Die Expansionsgelüste der Europäer im Mittelalter trugen die Kultur weit in die Welt hinaus.		
Ob man sagen kann, dass die Europäer ihre Kultur friedlich verbreiteten, oder sie eher mit Gewalt		

Text	Schlüsselbegriffe	Visualisierung
anderen Völkern, die kriegerisch benachteiligt waren, überstülpten, ist eine andere Frage. So ist das heutige Amerika, was unter einigen europäischen Politikern als großes Vorbild gilt, einst eine Kolonie Großbritanniens gewesen. Die englische Sprache gilt heute als Weltsprache. Ihr Geburtsland ist jedoch Großbritannien. Aber was ist Europa kulturell? Eigentlich ist es ein Kontinent, auf dem verschiedene interessante Kulturen zu Hause sind. Man kann sagen, Europa ist reich an Kulturen. Natürlich gibt es einige Merkmale, wie z. B. demokratische Staatsformen, die in den meisten Ländern Europas vorherrschen. Das Christentum ist mit ca. 70 % die meistverbreitete Religion, Sport wird länderübergreifend betrieben. Aber auch in den Gemeinsamkeiten, die Europa zu bieten hat, sind Unterschiede zu finden. Das könnte eine Folge der Geschichte Europas sein. Im expandierenden Europa, mit vielen mächtigen Staaten auf seiner kleinen Landkarte, konkurrierten die Herrscher meistens durch Krieg miteinander um die Macht. Grenzen verschoben sich, Menschen wanderten ein und aus, Kulturen vermischten sich. Die Menschen Europas sind auch heute noch eher nationalistisch geprägt und identifizieren sich mit ihrem Land und nicht mit Europa.		

Text	Schlüsselbegriffe	Visualisierung
So kommt es, dass jedes Land seinen „eigenen Kuchen“ backt und davon überzeugt ist, dass sein Kuchen der beste sei. Natürlich haben die „Kuchen“ der verschiedenen Länder einen unterschiedlichen Geschmack, da jedes Land verschiedene Zutaten verwendet. Alle haben wertvolle Zutaten, doch bei dem einen fehlt vielleicht der Zucker, bei dem anderen vielleicht die Vanille. So kommt es, dass sich in Europa Kuchen an Kuchen reiht, jeder auf seine Art schmackhaft. Doch der eine schmeckt ein wenig zu süß, der andere etwas trocken. Wie wäre es also, wenn sich das gesamte Europa zusammensetzen würde und begänne, gemeinsam zu backen? Jedes Land gibt seine wertvollen Zutaten in den Teig und siehe da, es entsteht eine Torte. Eine Torte, wie sie in keinem Land zustande gebracht werden könnte, da keines alleine über alle notwendigen Zutaten verfügt. Kommen wir von dieser schönen Vorstellung zurück auf unsere Ursprungsfrage. Was ist Europa, oder womit kann Europa sich identifizieren? Es gibt natürlich die EU, die Europäische Union. Die umfasst jedoch nur 27 der 46 Länder Europas. Wenn sich Europa also mit der EU identifiziert, wären einige Staaten um der Wirtschaft willen ausgeschlossen.		

Text	Schlüsselbegriffe	Visualisierung
Europa hatte einst seine Vormachtstellung in der Welt, die es jedoch in der Zeit nach den Weltkriegen verlor. Europas Bedeutung in der Welt ging in der Bipolarität unter, als die USA am westlichen Teil Europas zerrten und die UdSSR am östlichen. Europa ist heutzutage nicht mehr so zerrissen von den beiden damaligen Supermächten, doch hat es auch seine damalige Vormachtstellung nicht wieder erhalten. Doch was ist Europa nun? Vielleicht ist Europa einfach ein Kontinent, dessen Besonderheit sich gerade durch seine Verschiedenheit ausdrückt. Verschiedene Kulturen, die alle in einer langen Geschichte ihre eigene Besonderheit entwickelt haben. Jede ist es wert, gesehen zu werden und nicht in einem Gemisch unterzugehen. Vielleicht ist es gerade die Vielfalt, die Europa besonders und interessant macht. Nun kann man überlegen, um bei diesem Bild zu bleiben, möchte man lieber die perfekte Torte, deren Genuss unvergesslich bleibt, oder viele Kuchen, die alle ihren eigenen unvergleichlichen Geschmack haben und aufgrund der interessanten Abwechslung ebenfalls im Gedächtnis bleiben? Wahrscheinlich bleibt die perfekte Torte nur Utopie. In der Realität würden die kleinen Länder, die nur		

Text	Schlüsselbegriffe	Visualisierung
wenige Zutaten hinzufügen können, untergehen und man schmeckte nichts mehr von ihrer Besonderheit. Die Staaten mit den meisten und prächtigsten Gewürzen würden den Geschmack dominieren und man schmeckte wahrscheinlich eine „EU-Torte“, jedoch keine „Europa-Torte“. Ich denke, man sollte das Problem von der anderen Seite betrachten. In Europa liegt Kuchen an Kuchen, jeder ist verschieden. Was könnte interessanter sein, als den Geschmack von möglichst vielen in sich aufzunehmen und ihn in seinem Gedächtnis zu speichern. So kann jeder dieser einzigartigen Kuchen den Menschen, die sie probieren, eine neue, wertvolle Erfahrung mit auf den Weg geben. Vielleicht ist gerade das die Stärke und Besonderheit Europas. *(Melissa Hatzigeorgiou, Bremen, im Januar 2008)*		

Da das Thema „Europa“ vermutlich nicht unbedingt dein Thema für eine Abschlussarbeit sein wird, solltest du für eine Prüfungspräsentation eine ähnliche Struktur entwickeln. Ein gängiger Beobachtungsbogen wie auf Seite 91 kann dir bei einer Prüfungsvorbereitung helfen. Da jede Präsentation geprobt sein sollte, kannst du diesen Beobachtungsbogen deinem Publikum (Freunden, Eltern) vorlegen. So erhältst du hilfreiche Rückmeldungen.

Beobachtungsbogen

Inhalt

Einstieg
- macht neugierig
- Einstieg vorhanden
- Einstieg fehlt

Aufbau
- roter Faden deutlich
- keine Ordnung

Verständnis
- gut verständlich
- teils verständlich
- unverständlich

Prägnanz
- Wichtiges hervorgehoben
- nicht hervorgehoben

Schluss
- Zusammenfassung mit eigener Meinung
- zu plötzlich
- kein Schluss

Fachbegriffe
- werden erklärt
- werden nicht erklärt
- kommen nicht vor

Länge
- passend
- zu lang
- zu kurz

Hilfsmittel

Plakat/Folie
- sehr gut lesbar
- schwer lesbar
- unlesbar

Plakat/Folie/Film
- interessant
- uninteressant

Gegenstände
- passen gut
- passen nicht

Musik
- passt gut
- passt nicht
- zu laut/zu leise

Material allgemein
- enthält wenige, aber wichtige Infos
- zu viele Infos
- zu wenig Infos

Vortragstechnik

Sprache I
- deutlich gesprochen
- leicht genuschelt
- undeutlich gesprochen

Sprache II
- vollständige Sätze
- unvollständige Sätze

Sprache III
- laut genug
- zu leise

Sprache IV
- frei gesprochen
- zu viel abgelesen
- abgelesen

Körperhaltung
- entspannt
- verkrampft

Publikumskontakt
- Publikum angeschaut
- nur eine Person angeschaut
- nur aufs Papier geschaut

Bemerkungen:

4 DIE PRÜFUNG

Vielleicht denkst du, dass deine Prüfungsvorbereitung nun schon abgeschlossen ist, denn schließlich hast du alle Inhalte wiederholt und geübt. Dennoch kannst du einen weiteren Schritt tun, nämlich dich mental, also gedanklich, auf deine Prüfung vorbereiten. Im Sport ist das z. B. üblich: Jede Mannschaft hat anfeuernde Schlachtrufe, jeder Formel-1-Fahrer geht die Rennstrecke vorher in Gedanken durch usw.
Über Möglichkeiten der mentalen Prüfungsvorbereitung erfährst du einiges in diesem Kapitel. Und wieder empfehlen wir dir, diese Tipps rechtzeitig auszuprobieren, damit du in deiner Prüfungssituation das passende Mittel gegen deine Nervosität parat hast.
Du merkst, auch Projektmanager sollten an ihren Einstellungen und Ängsten arbeiten.

4.1 Mentale Prüfungsvorbereitung

Nicht jeder hat Nerven wie Drahtseile. Das ist nun einmal so. Wir nehmen an, dass du vor wichtigen Klassenarbeiten oder Prüfungen doch mindestens ein bisschen nervös bist. Dieser Stress, in gesunden Maßen zumindest, kann auch nützlich sein und dich zu besonderen Anstrengungen anspornen. Aber was kannst du tun, um allzu große Nervosität oder gar Angst in den Griff zu kriegen und wieder ruhiger zu werden?
Die beste Methode dafür ist natürlich eine gute **inhaltliche Prüfungsvorbereitung.** Das heißt, du hast gründlich gelernt, hast das Gelernte behalten und kannst es auch wieder abrufen und formulieren. So kannst du beruhigt in die Prüfung gehen. Daher ging es in den letzten Kapiteln um Strategien für planvolles und erfolgreiches Lernen.

Hier geht es nun um die **mentale Vorbereitung** zur zusätzlichen Steigerung deines Selbstvertrauens.
Folgende Strategien werden vorgestellt. Sie alle können dir zu mehr Gelassenheit verhelfen:

- ▷ Aufklärung und Information
- ▷ positive Affirmationen
- ▷ Rituale
- ▷ „Kino im Kopf" – Fantasiereisen
- ▷ Entspannungs- und Atemübungen

Aufklärung und Information

Neue, unbekannte Situationen zu erleben, das kann spannend sein, aber oft verursachen sie auch Angst. Nicht genau zu wissen, was auf dich zukommt, das verunsichert und macht nervös.
Darum ist es wichtig, dass du alle organisatorischen Fragen im Zusammenhang mit der Prüfung vorher klären kannst. Dazu haben wir dir schon im ersten Kapitel einige Checklisten als Hilfe angeboten (siehe S. 21 ff.).

Schlachtrufe, Durchhalteparolen, Mutmach-Gedanken

„Die Gegner sind einfach zu stark. Wir werden haushoch verlieren." So geht keine Mannschaft in ein entscheidendes Spiel, denn mit dieser Einstellung ist das Verlieren vorprogrammiert. Stattdessen feuern Sportler sich selbst mithilfe von „Schlachtrufen" an, die sie in gute Stimmung bringen und die ihnen Mut für den Wettkampf machen.

Dieses Prinzip kannst auch du für deine Vorbereitung auf Prüfungen nutzen, indem du dir deinen persönlichen „Mutmach-Gedanken" entwirfst. Du kannst ihn dir immer dann ins Gedächtnis rufen, wenn du keine Lust zum Lernen hast oder im Verlauf einer Prüfung Zweifel oder gar Angst bekommst. Er baut dich dann hoffentlich wieder auf. Natürlich wirkt so ein Satz nicht ganz von alleine, er darf kein Lippenbekenntnis sein. Aber wenn du dich gut vorbereitet hast, dann hilft er dir in den kritischen Situationen.

1 Sieh dir in der Tabelle unten die „Miesmach-Gedanken" an.

1. Kreuze die drei Aussagen an, die für dich am ehesten zutreffen, und formuliere selbst.
2. Stelle ihnen nun kraftvolle „Mutmach-Gedanken" gegenüber und formuliere sie so, dass sie dich wirklich ermuntern und aufbauen. Einige Beispiele sind schon vorgegeben.
3. Schreibe deinen persönlichen „Aufbauer" oder „Schlachtruf" groß auf und hänge ihn dir über den Schreibtisch, sodass du ihn immer lesen kannst, wenn es nötig ist.

	Miesmach-Gedanken/Runterzieher	Mutmach-Gedanken/Aufbauer
	Ich kapiere das einfach nicht.	*Dann werde ich es eben lernen.*
	Meine Mutter konnte früher auch kein Mathe.	*Und ich zeige, dass ich es besser kann!*
	Ich bin einfach zu blöd dafür.	
	Die Arbeit wird bestimmt ganz schwer.	
	Lernen ist doof.	
	Ich werde bestimmt alles wieder vergessen.	
	Ich schaff das alleine einfach nicht.	

	Miesmach-Gedanken/Runterzieher	Mutmach-Gedanken/Aufbauer
	Vokabeln lernen ist öde.	
	Ich habe Angst vor der Arbeit.	
	Ich habe keinen Bock mehr.	
	Mein Kopf ist morgen bestimmt ganz leer.	
	Ich will nur irgendwie durchkommen.	
	Ich bin jetzt schon ganz aufgeregt.	

Rituale

Die meisten Menschen haben ganz bestimmte persönliche Gewohnheiten entwickelt, um aufregende Situationen zu meistern. Solche Rituale sind nicht immer logisch oder vernünftig. Aber sie helfen und beruhigen, weil sie immer wiederkehren und damit Ordnung und Sicherheit vermitteln.

2 In der Übersicht findest du eine Sammlung von Vorschlägen.

1. Ergänze die Liste durch deine ganz persönlichen Rituale.
2. Probiere die Tipps aus (z. B. bei der nächsten Klassenarbeit) und kreuze dann an, welche davon für dich funktionieren und brauchbar sind. Wende sie dann regelmäßig an.

„Sicher ist sicher"

	Ich lege am Vortag gleich nach den Hausaufgaben alles zurecht, was ich für den folgenden Tag brauche. Meine Tasche packe ich noch am Abend.
	Unter das Kopfkissen lege ich mir das Buch, das für die Prüfung besonders wichtig ist.
	Ich gehe rechtzeitig schlafen, sodass ich am Prüfungstag ausgeruht bin.
	Ich verzichte auf aufregende Filme und auf alles, was mich zusätzlich nervös machen könnte.
	Vorm Einschlafen lese ich noch etwas Lustiges, um auf andere Gedanken zu kommen.
	Ich stelle sicher, dass ich pünktlich aufstehe. Entweder bitte ich jemanden, mich zu wecken, oder ich stelle mir einen Wecker.
	Am Prüfungstag ziehe ich meine Lieblingsklamotten an, in denen ich mich besonders wohl fühle.
	Am Morgen nehme ich mir Zeit für ein Frühstück, denn ich brauche Energie zum Denken und Arbeiten.
	Ich höre mir ein Lied an, das mir gute Laune bereitet und Power gibt.
	Ich stecke einen Glücksbringer ein, z. B. einen schönen Stein, ein Foto ...
	Ich nehme etwas zum Trinken und zum Naschen mit, z. B. Traubenzucker.

	Ich gehe rechtzeitig los zur Schule, um mir zusätzlichen Stress zu ersparen.
	Ich mache einen großen Bogen um Mitschüler, die mich mit ihrer eigenen Nervosität anstecken könnten.
	Meine Mutter nimmt mich noch einmal in den Arm und wünscht mir Glück.

„Kino im Kopf" – Fantasiereisen

Formel-1-Piloten oder Ski-Fahrer gehen ihre Strecke vor dem Rennen in Gedanken noch einmal durch. In Gedanken hören sie den Startschuss, sehen die Piste vor sich, lehnen sich in die erste Kurve, passen die Geschwindigkeit an ... – alles vor dem inneren Auge, in Gedanken, also mental. **So kannst du das auch machen.**

3 Ein Beispiel für eine solche „Gedanken-Reise" am Abend vor dem entscheidenden Prüfungstag findest du hier.
Lass sie dir von jemandem vorlesen.

Schon mit einem mulmigen Gefühl im Magen wachst du früh am Morgen auf. Dabei hat der Wecker noch gar nicht geklingelt! Das muss an der Aufregung liegen.
Denn heute ist es so weit: der erste Tag der Abschlussprüfungen am Ende der 10. Klasse. Die erste Klausur wird geschrieben. 120 Minuten soll sie dauern – uff.

Doch du denkst zurück an die letzten Tage und Wochen und erinnerst dich selbst noch einmal daran, dass du gut vorbereitet bist.
Du hast die Themen rechtzeitig und gründlich wiederholt und übersichtlich auf je einem Spickzettel zusammengefasst. Leider müssen diese jedoch zu Hause bleiben, denn du willst kein Risiko eingehen. Außerdem hast du mithilfe deiner selbst geschriebenen Karteikarten alle wichtigen Fachbegriffe und Regeln richtig gut gelernt.
Gestern hast du dann alles für den heutigen Tag zurechtgelegt: Heft und Schreibzeug, Ersatzpatrone für den Füller, spitze Bleistifte, Zirkel und Geodreieck ... Sogar an einen Glücksbringer und an deinen Lieblingspullover hast du gedacht.

Und gleich geht's ins Rennen.

In Gedanken gehst du nun schon über den Schulhof und siehst deine Klassenkameraden. Um einige machst du heute lieber einen großen Bogen, denn sie sind vor Klassenarbeiten immer extrem nervös und aufgeregt. Dich davon anstecken zu lassen – das kannst du heute gar nicht gebrauchen.
Zufällig hat deine Klassenlehrerin Aufsicht. Sie wünscht dir viel Glück und lächelt dir aufmunternd zu.
Du gehst durch den Flur in den Prüfungsraum. Wohin sollst du dich setzen? Du wählst einen Platz, an dem du dich wohl fühlst, und packst schon einmal alle wichtigen Sachen auf den Tisch: vor allem Schreibzeug und alle nötigen Hilfsmittel, denn das erspart dir nachher das Kramen. Ein Getränk und etwas zum Naschen dürfen nicht fehlen. – Schließlich ist die Zeit lang und du brauchst „Nervennahrung" für zwischendurch. Auch dein Glücksbringer erhält einen Platz. Gut, dass du ihn dabeihast. Du atmest tief durch. Aufregung raus, Selbstvertrauen rein. Noch einmal.

So, langsam füllt sich der Raum und pünktlich mit dem Schellen kommt auch schon der Lehrer.
Bevor er die Prüfungsaufgaben verteilt, gibt es noch ein paar organisatorische Informationen über den Zeitrahmen für die einzelnen Prüfungsteile und zum Abwickeln der Toilettengänge. Gut, dass das schon mal geklärt ist.

Du erhältst den Aufgabenzettel und überfliegst die einzelnen Aufgaben. So viel Zeit muss sein. Hast du verstanden, was zu tun ist? Sonst frage lieber noch einmal nach, um dich zu vergewissern. Zum Glück geht der Lehrer freundlich auf alle Fragen ein und wünscht euch abschließend viel Erfolg.

Du holst noch einmal tief Luft.

Na, dann ist ja alles klar. Auf geht's!

Du kannst eine solche mentale Reise auch auf andere Situationen anpassen, die für dich persönlich immer wieder schwierig sind. So zum Beispiel

- auf die Prüfungsvorbereitung: Sicherlich kommen dabei Momente, in denen du keine Lust mehr zum Üben hast. Dein „kleiner Mann im Ohr" oder gar Freunde werden dir möglicherweise sagen, dass du lieber deine Freizeit genießen solltest oder dass du schon genug gelernt hast. Was wirst du dann erwidern und tun?
- auf die Prüfung selbst: Vielleicht bist du trotz guter Vorbereitung dann während der Arbeit sehr aufgeregt und hast Angst vor einem „Blackout". Oder es macht dich nervös, wenn der Lehrer in der Klasse herumgeht und dabei in dein Heft schaut, sodass du dich gar nicht mehr konzentrieren kannst. Vielleicht setzt die Panik bei dir ein, wenn die ersten Klassenkameraden fertig sind und schon ihr Heft abgeben. Stell dir die Situation konkret vor und überlege schon im Voraus, wie du dich dann verhalten wirst.

4 Versuch es doch einmal:

1. Suche dir eine kritische Prüfungs-Situation aus, die für dich am ehesten zutrifft.
2. Schreibe deine persönliche „Gedanken-Reise“ zur mentalen Vorbereitung des Prüfungs-Wettkampfes. Schreibe in Ich-Form, möglichst konkret und anschaulich. Lass dabei diejenigen Tipps einfließen, die für dich und deine Situation wichtig sind. Natürlich darfst du die „Schlachtrufe“ und die „Mutmach-Gedanken“ nicht vergessen.
3. Wende diese Strategie gleich bei der nächsten Gelegenheit an.

Entspannungs- und Atemübungen

Die folgenden Übungen mögen dir etwas ungewöhnlich erscheinen. Dennoch empfehlen wir dir, sie einmal auszuprobieren, denn sie können sehr hilfreich sein. Es geht darum, die eigene Vorstellungskraft zu nutzen, um gegen Nervosität anzugehen und Entspannung und Gelassenheit zu erreichen. Teste nach dem Durchlesen der Übungen doch einfach einmal, welcher der Vorschläge für dich am besten geeignet ist.

Vor jeder der folgenden beiden Übungen gilt:

▷ *Suche dir einen ruhigen Raum und sorge dafür, dass du ungestört bist.*

▷ *Setze dich bequem hin, am besten auf einen Stuhl. Sitze aufrecht, sodass Unter- und Oberschenkel sowie Oberschenkel und Rumpf jeweils einen rechten Winkel bilden. Die Hände legst du am besten locker auf den Oberschenkeln ab. Du kannst deine Arme und Beine auch erst ein wenig ausschütteln, bevor du diese Haltung einnimmst.*

▷ *Schließe die Augen, während du die Übung machst. Falls dir das zu unangenehm ist, dann such dir einen Punkt auf dem Fußboden oder an der Wand vor dir, den du während der Übung anschaust (es sollte jedoch nicht gerade ein Poster deines Lieblings-Popstars sein).*

▷ *Zu Beginn solltest du einfach einen Moment nur still sitzen, deinen Herzschlag spüren und auf deinen Atem achten, ohne ihn jedoch zu beeinflussen. Lass dir Zeit. Lass die Gedanken, die dir durch den Kopf gehen, einfach kommen und wieder gehen.*

▷ *Lass dir bei der Durchführung der Übungen Zeit. Stell dir die beschriebene Situation in Gedanken ganz genau vor und schmücke sie aus. Wenn du das entsprechende Bild vor deinem inneren Auge siehst, dann kannst du weitermachen.*

1. Übung: Atmen

(Diese Übung ist recht einfach und lässt sich auch vor oder während einer Klassenarbeit kurz und unbemerkt durchführen.)

Schließe die Augen und konzentriere dich auf deine Atmung. Atme mehrmals durch die Nase ein und durch den Mund wieder aus. Der Rhythmus und die Tiefe deiner Atmung bleiben dabei unverändert.
Denke an das Meer. Bei jedem Einatmen kommt eine Welle, bei jedem Ausatmen geht eine Welle. Einatmen – Welle kommt. Ausatmen – Welle geht. Wiederhole dies einige Male.
Nun stell dir vor, dass du mit jedem Atemzug (und mit jeder kommenden Welle) **Mut** und **Zuversicht** einatmest.
Bei jedem Ausatmen (weggehende Welle) pustest du **Zweifel** und **Angst** einfach aus.
Mut rein, Angst raus. Zuversicht rein, Zweifel raus. Wiederhole auch das einige Male, bis du dich ruhig und gelassen fühlst.

2. Übung: Leerer Raum

In Gedanken betrittst du einen unbekannten Raum. Er ist völlig leer. Es gibt keine Möbel. Die Wände sind kahl. Stell dir diesen leeren, kahlen Raum vor.
Hinter dir liegt die Tür, durch die du gekommen bist. In Gedanken machst du sie hinter dir zu. An der gegenüberliegenden Wand siehst du ein großes Fenster. Es ist geschlossen. Ansonsten ist nichts in diesem sonderbaren Zimmer. Es ist ganz leer.
Nun fängst du an, den Raum zu füllen. Du steckst deine Angst vor der Prüfung hinein. All die Nervosität. Auch deine Zweifel, ob du auch gut genug vorbereitet bist.
Jeden negativen Gedanken lädst du in dem Zimmer ab. Der Stapel mit deinem Gedanken-Müll wird immer größer. Pack auch noch die abfälligen Bemerkungen von deinen Lehrern, von deinen Mitschülern, von deinen Eltern oder von deinem eigenen „kleinen Mann in Ohr" hinzu. Alles, was dich belastet, kannst du auf diese Weise endlich loswerden. Der Haufen wird immer größer und größer, bis du endlich alles losgeworden bist und der Raum voll ist.
Gehe nun in Gedanken zu dem Fenster und öffne es. Auch die Eingangstür machst du wieder auf. Ein kräftiger Windstoß bläst jetzt plötzlich durch den Raum und reißt den ganzen Gedanken-Müll mit sich. Alle Probleme, alle Zweifel und Ängste fegt er fort. Sie fliegen durch das Fenster hinaus – weg – hinaus ins Universum.
Der Raum ist nun wieder ganz leer. Du fühlst dich erleichtert und unbeschwert. Dein Kopf ist wieder frei und deine Gedanken sind völlig klar.

Wenn du diese Übungen zu Hause eintrainiert hast, dann wird es dir später nicht schwer fallen, sie unbemerkt von deinen Klassenkameraden auch kurz vor oder gar während der Prüfung durchzuführen. Aber – wie gesagt – dazu ist etwas Übung nötig!

4.2 Unmittelbar vor und während der Prüfung

Tipps für die erfolgreiche Bewältigung der schriftlichen Prüfung

1 **Folgende Aussagen auf S. 102 solltest du durchlesen und dir die wichtigsten auf Kärtchen schreiben.**
Hefte die Kärtchen je nach Bedeutung von außen nach innen auf eine Spirale. Du kannst dir sicherlich ein Plakat selbstständig anfertigen. Ansonsten kannst du natürlich auch unsere Vorlage „hoch"kopieren.

Auf dem Weg zur Prüfung ...

Ich bin gut auf die Prüfung vorbereitet.

Ich lese mir die Aufgabenstellung genau durch und beachte die Anweisungen.

Ich bleibe beim Betreten des Prüfungsraumes gelassen.

Ich lasse mich nicht davon irritieren, wenn mir meine Mitschüler erzählen, was sie alles gelernt haben.

Ich halte mich von nervösen Mitschülern fern und lasse mich nicht von ihnen anstecken.

Ich halte mich an die Aufgabenstellung und freue mich, dass ich darüber hinaus noch viel mehr wüsste.

Ich halte mich nicht unnötig an einer Aufgabe auf, die ich nicht beantworten kann.

Ich weiß sehr viel über das Prüfungsthema. Alles kann niemand wissen.

Ich wende die verschiedenen und bewährten Methoden während der Prüfung an.

Ich teile mir dic Zeit für die einzelnen Aufgaben ein, bevor ich mit der Beantwortung der Aufgaben beginne.

Ich achte auf meine Ernährung und schlafe ausreichend. Für die Prüfung muss ich körperlich fit sein.

Ich kenne meine Stärken und Schwächen. Meine Erwartungen sind nicht zu hoch.

Ich habe Angst vor der Prüfung, trotzdem kann ich mich konzentrieren.

Ich mache mir einen Plan für die Prüfungsvorbereitungen und wechsle zwischen den Fächern.

Ich plane in meine Prüfungsvorbereitungen ausreichend Freizeit ein.

Ich weiß, wie eine Prüfung verläuft. Ich bin mit den Ritualen und Situationen vertraut.

Ich mache während der Prüfung kleine Pausen und atme entspannt durch.

Ich weiß, dass eine Prüfung wichtig ist, mein Leben hängt aber nicht davon ab.

Ich sammle Materialien zur Prüfungsvorbereitung und gewichte sie.

Nach dieser guten Vorbereitung musst du nun die Prüfung an sich erfolgreich überstehen. Dazu folgende Tipps für das Verhalten während einer Prüfung:

2 Lies dazu die Tipps links und verbinde sie mit der passenden Begründung rechts.

Tipps	Begründungen
Lege deine gesamte Ausrüstung schon vor der Prüfung zurecht, denn ...	Das gibt dir Kraft zum Weitermachen.
Nimm dir dann Zeit, alle Aufgaben in Ruhe durchzulesen.	... so ersparst du dir nachher langes Suchen, das dich von deiner Arbeit ablenkt.
Beginne zunächst mit einer leichten Aufgabe, ...	... und sammle damit wertvolle Punkte und neuen Mut.
Fahre dann mit denjenigen Aufgaben fort, die du auf Anhieb lösen kannst. Die Reihenfolge der Bearbeitung ist eigentlich egal. Du solltest die Aufgaben jedoch gut nummerieren, sodass der Lehrer beim Korrigieren nicht den Überblick verliert.	Nur so kannst du noch vor dem Beginn der Arbeit Verständnisfragen klären.
Hake erledigte Aufgaben auf deinem Aufgabenzettel deutlich ab, damit ...	Das hilft dir, gut voranzukommen.
Kommst du bei einem Problem nicht weiter, dann beiß dich nicht daran fest, das kostet dich nur Zeit und Nerven. Nimm dir lieber eine andere Aufgabe vor ...	... du nicht den Überblick verlierst und keine Aufgabe vergisst.
Vergiss nicht, dich zwischendurch mit einer kleinen Erholungspause zu belohnen. Das kann ein Schluck zu trinken sein, ein Blick aus dem Fenster oder ein tiefes Durchatmen. Klopf dir in Gedanken selbst auf die Schulter und lobe dich für das, was du schon geschafft hast.	... zum Aufwärmen sozusagen.

Kurz vor der mündlichen Prüfung

Bei der Bearbeitung des ersten Kapitels dieses Buches hast du schon Fragen zu einer mündlichen Prüfung mithilfe der Checklisten klären können. Du weißt nun, was auf dich zukommt und was genau von dir erwartet wird. Dennoch bist du vor der Prüfung wahrscheinlich nervös und fragst dich „Was kann ich denn noch tun?“.

Folgende Situationen könnten während einer mündlichen Prüfung auf dich zukommen.
Spiele noch einmal „Kino im Kopf“ (siehe Seite 97 f.).

3 Überlege nun, welche Anteile der Prüfung du selbst planen und in die Hand nehmen kannst. Vervollständige die Satzanfänge.

1. Es ist **ein** Thema für die mündliche Prüfung mit dem Lehrer abgesprochen. „Na, dann erzähl doch mal, was du vorbereitet hast und darüber weißt.“

2. Es stehen **mehrere** Themen für die Prüfung zur Wahl: „Mit welchem Thema sollen wir beginnen? Such dir eines aus.“

3. Der Prüfer bestimmt das Thema und stellt dir ganz konkrete Fragen.

4. Man stellt dir eine Frage, die du nicht beantworten kannst.

5. Du hast einen „Blackout“ und weißt zu dem Thema im Moment gar nichts mehr zu sagen.

Tipps

- Verschwende keine wertvolle Zeit mit Raten oder Schwafeln.
- Gib Lücken im Thema offen zu.
- Konzentriere dich lieber auf die Themen, in denen du sicher bist und zu denen du etwas zu sagen hast.
- Vermeide es, Themen anzusprechen, die du nicht beherrschst. Überlege dir stattdessen schon vor der Prüfung in Ruhe, wie du das Gespräch auf diejenigen Themen lenken kannst, in denen du dich sicher fühlst.

Kurz vor der Präsentation

Lass uns noch einmal auf deine Vorbereitung für eine bevorstehende Präsentation zurückblicken. Im Kapitel 3 hast du Genaueres darüber erfahren. Der Beobachtungsbogen auf Seite 91 gibt dir schon Anhaltspunkte, worauf es bei der Vorbereitung von Präsentationen ankommt.

Folgende Schritte hast du bisher gemeistert:

1. **Informationssammlung:** Du hast nach inhaltlichen Informationen über dein Präsentations-Thema gesucht.
2. **Informationsverarbeitung:** Diese hast du (nach der 5-Gang-Lesetechnik) erst überflogen, dann gründlich gelesen und dabei Wichtiges für deine Fragestellung ausgesucht und markiert. Schließlich hast du diese Informationen strukturiert und zusammengefasst (auf Stichwortkarten, als Mindmap ...). Außerdem hast du einen interessanten Einstieg ins Thema bedacht und nach dem Hauptteil mit Informationen auch für einen runden Abschluss des Vortrages gesorgt.
3. **Erstellung von Hilfsmitteln:** Für die eigentliche Präsentation (also für die Vorführung) hast du Hilfsmittel gesammelt oder angefertigt. Das könnten Fotos sein oder reale Gegenstände, die du zeigen willst. Vielleicht hast du ein Plakat gestaltet, das die wichtigsten Inhalte deines Vortrages veranschaulicht und zusammenfasst. Möglicherweise hast du Overhead-Folien oder sogar auch eine Power-Point-Präsentation vorbereitet. Auch kurze Tonbeispiele sind denkbar, also z. B. ein Lied oder ein Radiobeitrag zum Thema.

Diese drei Schritte sollten mittlerweile erledigt sein. Kurz vor der Präsentation solltest du daran auch nichts mehr ändern, denn das macht dich nur unnötig nervös. Konzentriere dich nun lieber auf den vierten Schritt der Vorbereitung:

4. **Das Üben des Vortrages:** Hierbei gibt es einerseits organisatorische und technische Fragen zu bedenken. Andererseits musst du selbst für die Präsentation gewappnet sein. Tipps hierfür findest du nun in Form einer Checkliste, die du nach Bedarf auch noch erweitern kannst.

4 Hake auf der Checkliste ab, was du bereits erledigt hast und was du noch klären oder üben musst.
Hinweis: Je nach den Erwartungen, die an deine Präsentationsprüfung gestellt werden, mögen nicht alle Aspekte auf deine persönliche Situation zutreffen.)

Checkliste: Kurz vor einer Präsentation

Technische Geräte:

- Ich habe bekannt gegeben, welche technischen Hilfsmittel ich für meine Präsentation benötige (CD-Player, Overhead-Projektor, Kopien, Laptop und Beamer ...) und geklärt, wer sie bereitstellt.
- Ich habe diese ausprobiert und mich vergewissert, dass sie wirklich funktionieren.
- Für Notfälle habe ich Ersatz-Batterien/Ersatz-Glühbirnen ... besorgt und bereitgelegt.
- Ich habe mich mit der Handhabung der Geräte vertraut gemacht.

Weitere Hilfsmittel:

- Ich weiß, wie ich meine Hilfsmittel unbeschädigt zur Schule transportieren kann (Plakate z. B. in einer Papp-Röhre).
- Ich weiß, wo ich mein Plakat oder Fotos befestigen kann (Wandfläche im Raum, Tafel, Stellwand ...)
- Ich habe Befestigungsmaterial bereitgelegt (Tesa-Krepp, Magnete, Pinnwand-Nadeln oder Heftzwecken ...)

Eigene Vorbereitung:

- ☐ Alle Hilfsmittel, die ich zur Unterstützung meiner Präsentation brauche (Plakat, Folien ...), liegen bereit.
- ☐ Meine Stichwortkarten (oder Mindmap ...) sind aussagekräftig und leserlich und liegen bereit.
- ☐ Um die Nervosität zu Beginn des Vortrages zu bekämpfen, habe ich die ersten Sätze auswendig gelernt.
- ☐ Ich kann mithilfe meiner Stichworte frei sprechen.
- ☐ Ich kann in ganzen Sätzen sprechen.
- ☐ Ich kann den ganzen Vortrag ganz ohne Stichworte frei halten.
- ☐ Ich habe geübt, langsam, laut und deutlich zu sprechen. Auch auf Pausen in meinem Vortrag habe ich geachtet.
- ☐ Ich habe geübt, zum Publikum zu sprechen.
- ☐ Ich habe geübt, einen Zeigestock oder Ähnliches zu benutzen, um auf bestimmte Punkte meines Plakates/meiner Folie ... hinzuweisen, ohne dem Publikum den Rücken zuzudrehen.
- ☐ Ich habe den Vortrag anhand meiner Notizen einmal komplett langsam, laut und deutlich gesprochen. Dabei habe ich notiert, wie lange er dauert.
- ☐ Ich habe mir überlegt, was ich während des Vortrages „mit meinen Händen mache" (z. B. Stichwortkarten halten, Zeigestock halten ...).
- ☐ Ich habe mir überlegt, was ich anziehen werde, sodass ich auch äußerlich einen guten Eindruck machen werde.
- ☐
- ☐
- ☐

NACHWORT

Es ist kaum vorzustellen, dass du nach einer erfolgreichen Abschlussprüfung noch eine Abschlusskontrolle durchführen wirst. Du hast es ja geschafft. Allerdings wirst du wahrscheinlich schon bald wieder in eine ähnliche Situation geraten, in der du langfristig planen musst. Vielleicht erinnerst du dich dann an die Schritte, die du geplant und durchgeführt hast. Und vielleicht erinnerst du dich auch daran, was du alles hättest besser machen können ... Dafür ist eine **Abschlusskontrolle** gedacht. Man überprüft das Ziel.

Hast du dein Ziel erreicht?

Was hat gut geklappt?

Was hätte ich besser machen können/müssen?

Steck den Pauker in die Tasche

Pocket Teacher enthalten das Wissen für die Klassen 5 bis 10. Sie sind kompakt und handlich, übersichtlich und verständlich.

Mit vielen Beispielen.

DIe *Pocket Teacher* im Überblick	ISBN 978-3-589-
Deutsch	
• Aufsatz	22099-1
• Grammatik	22098-4
• Rechtschreiben	22353-4
• Grundbegriffe der Literatur und Sprache	22104-2
Mathe	
• Algebra	22089-2
• Geometrie	22090-8
• Gleichungen und Funktionen	22091-5
• Formelknacker	22092-2
Englisch • Grammatik	22100-4

Außerdem liegen folgende Fächer vor:

- Biologie
- Chemie
- Erdkunde
- Französisch • Grammatik
- Geschichte von der Antike bis 1789
- Geschichte von 1789 bis heute
- Latein • Grammatik
- Musik
- Physik
- Physik/Chemie • Formelknacker
- Politik/Sozialkunde
- Referate vorbereiten
- Religion
- Spanisch • Grammatik

Fragen Sie bitte in Ihrer Buchhandlung oder im gut sortierten Fachhandel.

Cornelsen
SCRIPTOR